Wendelin Foerster

Romanische Bibliothek

XX. Christian von Troyes, Wilhelm von England

Wendelin Foerster

Romanische Bibliothek
XX. Christian von Troyes, Wilhelm von England

ISBN/EAN: 9783744648998

Hergestellt in Europa, USA, Kanada, Australien, Japan

Cover: Foto ©Thomas Meinert / pixelio.de

Weitere Bücher finden Sie auf **www.hansebooks.com**

ROMANISCHE BIBLIOTHEK

HERAUSGEGEBEN

VON

Dr. WENDELIN FOERSTER

PROFESSOR DER ROMANISCHEN PHILOLOGIE AN DER UNIVERSITÄT
BONN.

XX.

KRISTIAN VON TROYES, WILHELM VON ENGLAND.

HALLE A. S.

VERLAG VON MAX NIEMEYER.

1911.

WILHELM VON ENGLAND

(GUILLAUME D'ANGLETERRE)

EIN ABENTEUERROMAN

VON

KRISTIAN VON TROYES.

———

TEXTAUSGABE MIT EINLEITUNG

HERAUSGEGEBEN

VON

WENDELIN FOERSTER.

HALLE A. S.

VERLAG VON MAX NIEMEYER.

1911.

Einleitung.

Die flott und lebendig geschriebene, überaus gewandte und bis ans Ende spannende Erzählung von den Schicksalen des gottergebenen Königspaares eignet sich ganz besonders zum Lesestoff für Anfänger, die Kristian von Troyes, den gröfsten Dichter des XII. Jahrhunderts und den Schöpfer des französischen Artusromans kennen lernen wollen und darnach mit leichtem Verständnis an den Löwenritter oder Cligés herantreten werden. Man findet alle näheren Angaben über diesen Text in meiner grofsen kritischen Ausgabe der Werke Kristians von Troyes[1]) im IV. Band S. CLIII—CLXXXI. Hier sei nur das Notwendigste daraus mitgeteilt:

Erhalten ist uns der Text in zwei Handschriften: 1. Cambridge, St. John's College B 9 (C), in der Mundart der südöstlichen Champagne geschrieben; vgl. Einl. zu Cligés³ S. LXXX fg. 2. Paris, Bibl. Nat. 375 (P), pikardisch, darnach herausgegeben von Fr. Michel im Jahre 1840 (Paris) im 3. Band seiner Chroniques anglo-normandes S. 39—172. Eine spanische Prosabearbeitung (E) des XIV. Jahrhunderts findet sich in der Handschrift h-I-13 der Laurentiusbücherei im Eskurial, abgedruckt von H. Knust 1878 in: Dos obras didácticas y dos legendas sacadas de manuscritos de la biblioteca del Escorial (Sociedad de bibliófilos españoles in Madrid), sie schliefst sich, stark

---

[1]) Christian von Troyes. Sämtliche erhaltene Werke nach allen bekannten Handschriften herausgegeben von Wendelin Foerster. Vierter Band: Karrenritter und Wilhelmsleben, Halle, Max Niemeyer 1899.

kürzend, ziemlich treu der französischen Erzählung an; nur
die Episode von dem aus der Luft herabfallenden Geld-
beutel ist eigenmächtig geändert. Auf Grund dieser Über-
lieferung hatte ich den Text kritisch bearbeitet und mit
textkritischen sowie erklärenden Anmerkungen und einer
ausführlichen Einleitung herausgegeben. — Außerdem ist
der Kristiansche Text noch vor Ende des XIII. Jahrhunderts
zu einem in vierzeiligen Alexandrinerstrophen abgefaßsten
Dit de Guillaume d'Engleterre (998 Verse) verkürzt worden
und ferner auch zur Grundlage gemacht worden von Ulrich
von Eschenbach in seinem Wilhelm von Wenden, wie neulich
Ernst Jahncke in seiner sorgfältigen Göttinger Dissertazion:
Studien zum Wilhelm von Wenden Ulrichs von Eschen-
bach (Goslar 1903) eingehend nachgewiesen hat; doch ist
die Bearbeitung beidemal eine so freie, daß sie uns für
unsern Text von keinem Nutzen sein kann.

Außer diesen eben angeführten Bearbeitungen, die auf
unsern Wilhelm unmittelbar zurückgehn, wurde er aber
später vielfach auch von andern benutzt, wobei öfter schwer
zu bestimmen ist, ob diese Überarbeitungen auf unserm
Text oder auf einem lateinischen Text oder seinen Aus-
flüssen beruhen. Unser Roman nämlich ist einem alten, weit
verbreiteten Sagenstoff, der Placidas- oder Eustachius-
Legende, entnommen, deren spätere Fassungen bereits W. L.
Holland in seinem Crestien von Troies (1854), S. 77 fgg.
behandelt, denen W. Knust a. a. O., endlich R. Köhler,
Zs. III, 275 fgg. andere beifügt und deren Abhängigkeit
ich in meiner Wilhelmsausgabe S. CLXIX—CLXXIX unter-
sucht habe. Dazu kommt eine zusammenfassende Abhand-
lung von L. Jordan im Arch. 121 (1908), S. 341—367,
wonach „die Frage, ob ein internationales Märchen Quelle
der Legende und aller Bearbeitungen, oder ob die Legende
den Ursprung der ganzen Sippe bezeichnet", offen gelassen
werden muß, wenn er sich auch lieber für ersteres ent-
scheiden möchte.[1]

---

[1] Nichts für unsre Zwecke zu holen ist aus A. Monteverdi
‚La leggenda di S. Eustachio' in Studi Med. III (1909), der S. 178 fgg.
die lateinischen Texte behandelt und S. 227 f. mehrere andere sum-
marisch anführt und im einzelnen nicht immer richtig beurteilt.

Es kommen da in erster Linie in Betracht die deutschen
Fassungen: aufser dem Wilhelm von Wenden noch die gute
Frau (hg. Sommer 1842), der Meistergesang vom Grafen von
Savoyen (hg. Eschenburg 1799), dann der englische Syr
Ysambrace (hg. Halliwel 1844), dessen Stellung bereits
P. Steinbach in der Leipziger Diss. 1805 S. 41 ff. behandelt
hat, und der spanische Cifar (hg. Michelant 1872); aber
Holland bereits hat noch angeführt: 1. Oktavian, 2. der gute
Gerhard des Rud. von Ems, 3. Helene von Konstantinopel,
4. Valentin und Orson, 5. ein Kapitel der Gran Conquista
d'Ultramar, 6. ein Märchen der 1001 Nacht, 7. die schöne
Magelone, 8. den Busant; denen auch noch Apollonius von
Tyrus, Lion von Bourges (s. Rich. l. b. S. XXVII und Gröber,
Grundr. S. 1088) und sicher noch manche andere (auf den
altgriech. Roman habe ich schon gr. Wilhelm S. CLXXII
hingewiesen) angereiht werden können. L. Jordan zieht
noch Boeve von Hanstone, sogar Aiol heran, hat aber 2,
3, 4 (vgl. noch Escofle) 5, 7, 8 liegen lassen. Eine solche
Untersuchung wird ganz besonders erschwert, weil sich
neben den Texten, die schon augenscheinlich oder nach
sorgfältiger Prüfung zu einander gehören und eine be-
sondere Gruppe bilden, so viele andere finden, die in den
Hauptzügen (oder doch in mehreren) stimmen, aber ein-
zelne Motive ändern, ersetzen, auslassen, neue Stoffe ein-
beziehen, so dafs eine Doppelgeschichte entsteht, oder eine
Vorgeschichte vorsetzen, einen andern Schlufs anhängen,
und sonst noch die mannigfaltigsten Änderungen erkennen
lassen. Man mufs vor allem mit der Eliminirung solcher
Texte beginnen, die nur ein Motiv oder deren zwei oder
überhaupt wenige wiedergeben, aber sonst einem andern
Stoff angehören, wie z. B. die schöne Magelone, wo zwar
das Hauptmotiv (Trennung und glückliche Vereinigung eines
Ehepaares) übereinstimmt, aber im übrigen alles seine eigenen
Wege geht.[1]) Aber auch nach Ausscheidung solcher Fas-
sungen bleibt noch viel Unsicheres übrig. So dürfte denn

---

[1]) Zu dieser Erzählung: ‚Die schöne Magelone' gehört auch
die italienische Verserzählung von ‚Ottinello und Giulia', hgg.
von A. d'Ancona in der Scelta 51 (1867), der in der Einleitung

auch L. Jordan's Stammbaum manche Änderung erfahren:
so ist z. B. die Stellung des Wilhelm von Wenden sicher
zu ändern und zu unserm Wilhelmsleben zu schlagen, wie
E. Jahncke (s. o. S. VI), dessen Arbeit L. Jordan entgangen
ist, im einzelnen überzeugend nachweist und was schon
E. Martin's von mir a. a. O. S. CLXXV zitirte Ausführung
voraussehen liefs.

Dies wird besonders klar gemacht durch eine andere,
viel umfassendere, methodisch richtig angelegte und mit
grofser Umsicht durchgeführte Untersuchung desselben
Gegenstandes, die bereits vor neunzehn Jahren erschienen
und L. Jordan leider entgangen ist. Diese auf breitester
Grundlage aufgebaute Arbeit behandelt noch viele andere
zu unserm Stoffe in mehr oder minder grofser Verwandt-
schaft stehende Fassungen, nimmt sie einzeln und dann
gruppenweise vor, und fafst endlich in einer grofsen, auf
einer Reihe von Einzelstammbäumen sorgfältig aufgebauten,
allgemeinen Stammtafel das Endergebnis zusammen. Es
ist dies eine Dissertazion von Ph. Ogden, A comparative
study of the poem Guillaume d'Angleterre with a dialectic
treatment of the manuscrits, Baltimore 1900, 31 S., die
freilich nur zwei kleine Ausschnitte aus dem grofsen, einige
hundert Seiten umfassenden Werk liefert, darunter nicht

S. XI ff. den Ottinello mit der Magelone vergleicht und auf eine
Erzählung (211) in Tausend und Eine Nacht zurückführt. Aus-
führlicher behandelt er später den Stoff in der Einleitung zu
einer neuen Ausgabe desselben Ottinello in seinen ‚Poemetti
popolari italiani‘ (1889) S. 393—429, wo er im 2. Hauptstück die
Verwandtschaft mit dem entsprechenden Teil der Eustachius-
legende und dem Wilhelm, gute Frau, Graf von Savoyen und
Ysambrace bespricht, auch eine arabische Erzählung in 1001 Nacht
(Weil IV, 96) und eine hebräische (Midrasch des Dekalogs, ferner
Trois contes juifs p. p. Israel Lévi [1887] S. 25) anführt, im
3. das Verhältnis des Busant und Escoufle heranzieht und im
4. und letzten Kapitel mit italienischen Märchen (Mandruni und
Maudruna in Pitré, Fiabe ... popol. sicil. 1875, I, 123 = Manto
Reale in de Nino, Usi e cost. abruzz. 1883, S. 298 und il Figliuolo
del re di Portogallo in Nerucci, Novelle pop. montanesi, 1880,
S. 275, Imbriani, Novellaia fior. 1877, S. 526) schliefst, denen er
noch Cosquins lothringisches Märchen ‚la Pantoufle de la Prin-
cesse‘ (Cont. pop. de la Lorr. 1887, II, 69) zufügt.

einmal das auf dem Titel verzeichnete dialectic treatment.
Die S. 29—31 stehende Inhaltsangabe unterrichtet uns
über die Anlage und den Inhalt der nach der vorliegenden
kleinen Probe sehr eingehenden und gewissenhaften Unter-
suchung. Er behandelt zuerst im I. Teil in Kap. 1: A. Die
westlichen Fassungen: I, 1. französische: a) Wilhelm,[1])
b) Helene von Konstantinopel, c) Octavian, d) Beuve von
Hanstone; 2. deutsche: a) gute Frau, b) Graf von Savoyen,
c) Wilhelm von Wenden; 3. italienische: a) Fioravante in
den Reali di Francia, b) Buovo d' Antona, c) Uggeri il
Danese; 4. spanische: a) Estoria, b) Chronica, c) Cifar.
P. II, 1. englische: a) Gesta Romanorum (engl. Text),
b) Isambrace, c) Eglamour of Artois, d) Torrent of Por-
tyngale); 2. lateinische: a) Speculum Historiae (inbegr.
Gesta Rom. und Legenda aurea). III. Klassische Fas-
sungen: 1. lateinische: Rhea Sylvia; 2. griechische:
a) Danae, b) Latona, c) Dirce, d) Tyro. — Kap. 2:
B. Östliche Fassungen: I, 1. arabische: a) Schach Bekht,
b) Zehn Visire; 2. hebräische: Midrasch; 3. türkische: Vier-
zig Visire; 4. Hindu: Dasakumaracharitam; 5. Kaschmir:
Gedemütigter Stolz; 6. Tibet: Krisa Gautami; 7. Pendschab:
Sarwar und Nir. Jeder dieser §§ schliefst mit einer com-
parative table of motifs for the stories preceding. —
Kap. 3: 1. General comparative table of motifs;[2])
2. Discussion of the relation which the various
forms of the legend bear to one another (S. 7—21);
3. Graphic tree showing a theoretical order of
derivation (S. 22); 4. Addenda: The application of the
„tree" (S. 23—28). Im II. Teil war behandelt als Einleitung:
Besprechung von R. Müllers Bonner Dissertazion (s. weiter u.
S. XX) und Kap. 1 Charakteristische Merkmale der Mundart

---

[1]) Es liegt von all dem im Kapitel 2 und 3 stehenden nichts
anderes vor als die Inhaltsangabe des Wilhelm S. 4 — 6. Nach
S. 29, Anm. war bei jedem § behandelt a digest of the story
named, the motifs tabulated, a comment on the treatment of
thems, and a bibliography of the special subject.

[2]) Eine grofse vergleichende Liste aller einzelnen Züge auf
einer grofsen hinter S. 6 eingehefteten Tafel.

der Pariser, Kap. 2 der Cambridger Hs., Kap. 3 Dialektische
Besonderheiten of the forms common to both Manuscripts,
und im Schlufsabsatz: Resultats drawn from the preceding
treatment. Endlich III. Teil: Rimarium der zwei Hss.

Das Fehlen des II. und III. Teils wird wohl kaum von
Jemand bedauert werden, gar in Betracht von II, 3, wo
die Verfasserfrage nicht auf Grund der einzig möglichen
Reimuntersuchung, sondern auf Grund der forms commons
der beiden Hss., wie es scheint, behandelt wird; und so
wird man es wohl auch verschmerzen, dafs der Vf. nicht
einmal verraten hat, wen er für den Verfasser des Wil-
helm hält.

Aber das, wie es scheint, ganz abgedruckte 3. Kapitel
des I. Teils sowie die darin sich befindlichen zahlreichen
Hinweise auf die vielen gänzlich fehlenden Teile des 1.
und 2. Kapitels lassen es in höchstem Grad bedauern, dafs
der Vf. nicht nachträglich diesen Teil seiner Arbeit hat
drucken lassen.[1])

In dem vorliegenden Ausschnitt behandelt er zuerst
die mit unserm Wilhelm ganz nahe verwandten Texte, die
er so ordnet:

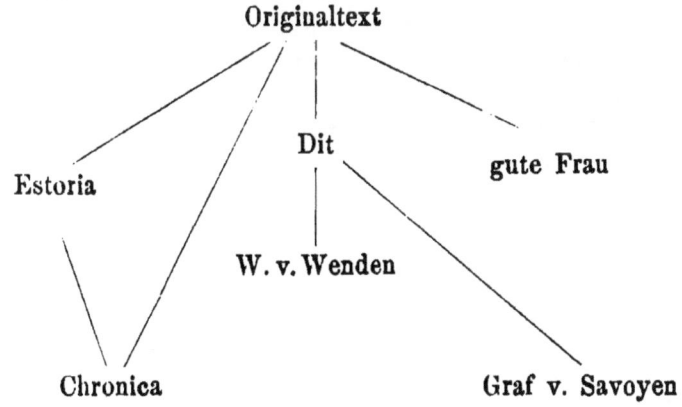

---

[1]) Diese Dissertazion scheint allgemein übersehn worden zu
sein: sie findet sich zwar angeführt dem Titel nach in der
Bibliographie des Litbl. 1900, Sp. 157, fehlt aber in der Biblio-
graphie der ZfrPh. und ebenso in ZffSuL., findet sich auch sonst
nirgends erwähnt, und ist erst durch A. Stiefels Würdigung im

und dem man beistimmen wird. Man ist nur nicht wenig erstaunt, in der allgemeinen Stammtafel S. 22, wo obiger Stammbaum als Teil des ganzen an seiner Stelle untergebracht ist, dort an Stelle des Wilhelm (denn dies kann allein mit Original Text gemeint sein) zu finden: Anglo Norman! S. 27 der vorl. Dissertazion lesen wir: Now, in an Anglo-Norman reworking of the older poem in the twelfth century etc. Man muſs im höchsten Grad bedauern, daſs der Vf. den Teil, wo er diese Frage behandelt, nicht abgedruckt hat: denn eine anglonormannische Fassung der Eustachiuslegende um die Mitte des XII. Jahrhunderts ist schon von vornherein mehr als bedenklich[1]) und man wäre neugierig, die Begründung zu hören, um so mehr, als eben der Kristiansche Wilhelm, wie es scheint, diese anglonormannische Fassung sein soll — hat dies der Vf. aus den forms common to both mscc. (s. o.) heraus gefunden?

In letzter Linie führt er als die Quelle, aus der alle andern Fassungen geschlossen sind, einen Sanskrit Myth an, aus dem der Hindutext, Pehlewi und Ramayana flossen. Auf Pehlewi gehn die arabischen Fassungen, daraus floſs Pendschab, Latin Gesta und Wilhelm (hier als Anglo Norman, s. o., bezeichnet). Andrerseits läſst er von demselben ursprünglichen Sanskritmythus einen Greek Original Myth stammen, der durch die Greek Story-Latin Story auf Octavian, Fioravante führt. Gerade in diesem Teil durchkreuzen die verschiedenen Strömungen einander. Unter diesen möchte ich besonders Torrent of Portyngale erwähnen, der im ersten Teil unserm Wilhelm recht nahe steht, wenn auch anderer Anlaſs der Trennung und dann im zweiten Teil die ungerecht angeklagte Gattin dazu kommt.

Diesen verschiedenartigen Texten möchte ich noch neu hinzufügen die Benutzung des Wilhelm im Orson

KJB. XII, II, 15 f. bekannt geworden. Ogden behandelt ausschlieſslich geschriebene Texte, und hierzu ist noch Stiefels Bemerkung anzuführen: „es fehlen noch orientalische, dann die slawischen, nordischen und die jüngeren Versionen." — Meine Wilhelmsausgabe (1899) hat dem Vf. noch nicht vorgelegen.

[1]) S. Cligés[3] XXVII, Anm. 3.

von Beauvais. Es ist dies, wie seine Hgg. S. LV ff. ausführen, eine Verarbeitung der verschiedensten Episoden, die zu einer recht spannenden Chanson de Geste verschmolzen sind und die den mannigfaltigsten Ursprung zeigen. Auf Wilhelm geht zurück die göttliche Stimme 54 ff., die Orson nach Palästina schickt, wohl auch seine durch Verrat (um 30 Mark) erreichte Einschiffung in ein fremdes Schiff 189 ff., der Erkennungsring (auch hier ist im Orson das Motiv verdreht — zu betrügerischem Zweck wird er gestohlen), die Verheiratung seiner Frau, die aber vom Gatten nicht berührt wird (im Orson besorgt's ein Zauberkraut, im Wilhelm blofse List) 562 ff. und das endliche glückliche Zusammenkommen. Besonderes Gewicht lege ich auf die göttliche Stimme — denn da sie im Orson falsch ist, ein Gaunerstück Hugo's, so ist die echte Stimme im Wilhelm sicher ursprünglich. Diese findet sich zwar auch in der lateinischen Quelle, der Eustachiuslegende: audivit (Placidas) vocem de celo, aber an ganz anderer Stelle und in anderem Zusammenhang.

Da nun Orson nach seinen Hgg. (S. XXXIX und LXXVII) noch ins 12. Jahrhundert fallen soll (ich habe die Frage nicht nachprüfen können) und zwar zwischen 1180—1185, und in ihm, wie wir sahen, unser Wilhelm benutzt ist, so rückt der letztere damit in das 3. Viertel dieses Jahrhunderts. Eine solche Zeitbestimmung stimmt mit allem, was wir sonst über den Roman wissen, s. meine Bemerkung in Cligés[3] S. XIII f.: „Es ist auch mehr als wahrscheinlich, dafs W. nicht zu spät nach dem Cligés anzusetzen ist, nach dem er verfafst sein mufs, weil er in dessen Eingangsversen nicht aufgezählt ist ... Dorthin, wie überhaupt zu den älteren Werken Kristians, ist er auch zu setzen wegen der grofsen, gradezu auffallenden Übereinstimmung in gewissen stilistischen und metrisch-technischen Einzelheiten, die als Ergänzung meiner sprachlichen Untersuchung ihre Bedeutung haben ... s. F. M. Warren (der deshalb auch K.'s Verfasserschaft ohne weiteres anerkennt) in Mod. Phil. III, 201. 526; IV, 660. 671." Dafs der W. kein Jugendwerk sein kann, zeigt, sowie die reinere Sprache, wie sie die Reime aufweisen, die höhere Reimkunst, ganz besonders aber die glänzende, stets steigende, überaus geschickte Darstellung, das feste Gefüge der Erzählung, die den professionellen Dichter verrät, den Mann *qui dire siaut* (V. 1.).

Aber unser Roman hat noch im nächsten (XIII.) Jahrhundert den Stoff geliefert zu der Einleitung zweier Chansons de Geste, die zu einander gradezu eine Art Parallelerzählung bilden, nämlich Hervis von Metz und die Enfances Vivien. Besonders der erstere mit seiner Lokalisirung auf die Märkte von Provins und von Lagny (Marne)[1] zeigt den Ursprung dieser Episode, wie denn auch das Verhältnis der Helden zum bürgerlichen handeltreibenden Vater und der hochadligen Mutter sich an Wilhelm (die beiden Bürger als Nährväter und die Königin) näher anschliefst. Man vgl. Hervis 258 ff. (268). 294 ff. 517 ff. 525 ff. 590—593. 1124. Man könnte auch den plötzlichen Hunger der Beatrix 1744 ff. (Wilh. 512 ff.) hier anführen. In den Enf. Vivien (kritische Ausg. Zorn 1908) ist die Marcheande, welche Vivien für ihren Sohn erklärt, adlig, ihr Mann ist Kaufmann und auch hier ist alles Bemühen umsonst — das adlige Blut kann nicht Krämerei treiben: 385 ff. 427 ff. 470 ff. (= Wilh. 1437 ff.) 543 ff. 562. 575 ff. 700 ff. 729 ff. usw.

Wir haben gesehen, dafs der Wilhelm nach seinem Erscheinen bald die Aufmerksamkeit weiter Kreise durch den spannenden Abenteuerinhalt auf sich gezogen hat und auch später noch mannigfach nachgeahmt, ausgezogen und ausgebeutet worden ist. Hat der Wilhelm selbst nicht irgend ein fremdes Werk benutzt oder nachgeahmt? Ich meine damit, da ja seine Quelle, die mündliche Erzählung eines Freundes bekannt ist, nicht diese, sondern ein litterarisches Werk, auf das Rogiers Erzählung zurückgehn dürfte. Aber es ist bis jetzt Niemandem gelungen, irgend eine solche Abhängigkeit zu entdecken. Erst in neuester Zeit ist ein solcher Versuch gemacht worden in W. M.

---

[1] Über die berühmten internazionalen Jahrmärkte der Champagne und die Beziehungen unsres Romans zu ihnen s. w. u. S. XXVII f.

Stevenson's Dissertazion ‚Der Einfluſs des Gautier d'Arras auf die altfr. Kunstepik, insbesondere auf den Abenteuerroman' (Göttingen 1910), wo S. 65—69 „sachliche Berührungen" zwischen dem Wilhelm und dem ersten Teil des Heraklius Walters von Atrecht behandelt werden, woraus dann S. 102 unter III geschlossen wurde: „Die auffällige Ähnlichkeit, die der erste Teil von G.'s Eracle im Grundgedanken und in einer Reihe von Motiven mit Ch.'s G. d'A. besitzt, deutet auf eine nicht unwahrscheinliche Beeinflussung des letzteren durch ersteren." Darnach hätte also Kristian aus Walters Heraklius mehrfach geschöpft und zwar nicht allein ‚eine Reihe von Motiven', sondern sogar den ‚Grundgedanken' selbst.

Ich habe bereits vor vielen Jahren in meinem Ille und Galeron (Rom. Bibl. VII, 1891) S. XVIII f. auf das gleichzeitige und wohl auch örtliche Zusammentreffen der beiden berühmten Epiker hingewiesen und beide in einem entscheidenden Punkt, der Minnefrage, aus derselben Quelle schöpfen lassen. Irgend eine gegenseitige sichere Beeinflussung war mir, der ich mich gleichzeitig seit langer Zeit mit den Werken beider beschäftigt hatte, nicht aufgestoſsen. Um so interessanter erschien mir Stevenson's Entdeckung, die aber bei näherer Untersuchung sich in nichts auflöste. Er steht auf dem alten Standpunkt, Wilhelm sei ein geistliches Epos, also ein Heiligenleben,[1] und findet sogar, daſs er ‚den Übergang vom Artus- und Abenteuerroman zum geistlichen Ritterroman wie dieser im „Percival" (sic) und im „Graal" erscheint', bildet. Stevenson läſst nämlich den Artusroman durch Kristian, den Abenteuerroman durch Walter eröffnen (S. 65). Das erstere habe ich ja selbst in meiner (bislang noch stets in den betreffenden Kreisen ignorirten) Einleitung zum Karrenroman S. LXXXVIII ff. zu erweisen vermocht und Niemand hat es bis jetzt versucht, mich zu widerlegen. Was das zweite betrifft, so ist doch Tristan sicher ein Abenteuerroman (er hat ursprünglich mit Artus nichts zu schaffen, wie ich wiederholt, zuletzt

---

[1] S. w. u. S. XVI f.

in meiner Einleitung zum Cligés[3] gezeigt) und ist in seiner früheren Gestalt sicher älter als Walter.

Die von Kristian aus dem Heraklius entlehnten Motive sollen sein: 1. Die Hauptpersonen des Anfangs sind ein Ehepaar von hohem Range. 2. Sie zeichnen sich durch Frömmigkeit aus und bekommen 3. nach einer sonst glücklichen, aber kinderlosen Ehe von mehreren Jahren (H. $1^{1}/_{2}$, W. 7 Jahre) Nachkommenschaft (H. 1 Sohn, W. Zwillinge). In H. entsendet der Himmel 4. einen Engel an die Ehefrau, in W. eine göttliche Stimme an den König. Beide Paare verschenken 5. ihre Güter und 6. geht der König in die Verbannung, während die Senatorswitwe ohne Aufforderung des Himmels dasselbe tut. Armut ist 7. die Folge für beide und 8. Verlust des Sohnes = Verlust der Frau; aber beide Paare behalten 9. ihr Gottvertrauen, worauf 10. die Witwe in ein Kloster geht, während der König „ein zurückgezogenes Leben führt".

Darauf ist zu erwidern, dafs 1. der Grundgedanke beider Abenteuerromane ein grundverschiedener ist und überhaupt in keinem gegenseitigen Verhältnis steht. Es wurde wiederum übersehen, dafs die ganze nur einen ganz kleinen Teil des Romans im W. bildende Episode, die ‚göttliche Stimme', mit dem Roman selbst sonst in keiner Beziehung steht, nie wieder weder in Anspielung noch in Nachwirkung sich in ihm kenntlich macht, sondern lediglich ein Mittel ist, das Königspaar zu trennen, was für den Roman die Grundbedingung war. Es konnte ebenso jedes andere Mittel gewählt werden und der Roman wäre genau derselbe geblieben. Wenn also die Gemeinsamkeit des Grundgedankens abgewiesen werden mufs, so stehts mit den einzelnen Motiven nicht besser. 1., 2., 3., 5., 7., 9. sind recht unbestimmt oder allgemein, dabei entweder nicht gleich oder sogar verschieden oder ganz gleichgültig, es würde auch dann noch blofs für diese Episode, nicht für den übrigen Wilhelm stimmen; aber grade dieser Teil stammt aus dem Placidas, ist also im Wilhelm ursprünglich und man könnte eher die Sache umdrehen und Heraklius I auf W. zurückführen; 4. ist ganz verschieden (!), ebenso 6. und gar 8.!

und 9., 10. ist schlankweg erfunden — im W. ist davon
keine Spur.

So ist denn dieser Versuch, der übrigens schon chrono-
logisch bedenklich erscheint, ohne weiteres abzuweisen.[1]

Unser Kristian als Vf. ist s. Z. von K. Hofmann
(Sitz.-Ber. der Münch. Akademie 1870, II, 51) und nach
ihm noch von der Rom. angezweifelt worden. Ich habe
mich wiederholt mit dieser Frage beschäftigt und die völlige
Übereinstimmung in Sprache, Stil und Reim, sowie in ge-
wissen Eigenheiten der Erzählung mit den übrigen Werken
Kristians nachgewiesen und gezeigt, dafs nie ein ernst zu
nehmender Einwurf erhoben worden war, während alle die
zahlreichen für die Verfasserschaft sprechenden Beweise
stets sorgfältig ignorirt worden sind, so dafs heute von
kundiger Seite allgemein Kristian von Troyes Verfasser-
schaft zugegeben und angenommen wird. Da diese Litte-
ratur an mehr als fünf Orten zerstreut ist, habe ich neulich
die ganze Frage nochmals im Zusammenhang behandelt und
mit einer Reihe ganz neuer Beobachtungen und Fest-
stellungen bereichert in ZfrPh. XXXV (1911) S. 470—485,
aus welchem Aufsatz ich hier das wichtigste abdrucke.

Nach einem kurzen Überblick über die Geschichte
dieser Frage komme ich auf die immer schlechtere Wertung
des Wilhelms durch G. Paris zu sprechen, der anfangs noch
(1888—1890) seinen Verfasser als einen poète de talent
einschätzte, später aber (1901) den Roman für eine
pitoyable rhapsodie erklärte und sich schliefslich noch
schärfer über ihn äufserte, und zeige ihren Grund in der
irrigen Auffassung des Romans als Heiligenleben.

„In seinem Manuel[1,2] § 148 spricht er von einer
légende d'un prétendu roi d'Angleterre appelé saint (!)

---

[1] Befremdend ist dagegen, dafs Stevenson nicht, wie er
hätte tun müssen, den Beziehungen zwischen Heraklius II und
Cligés nachgegangen ist (s. meinen Cligés[3] S. XIX ff.): sie sind
nicht einmal bei ihm erwähnt.

Guillaume, noch stärker ist diese falsche Note angeschlagen in seiner *Esquisse* (1907) S. 148 (im Index ist der Wilhelm ausgelassen): *La vie de saint Guillaume d'Angleterre célèbre, comme celle de Grégoire, un saint tout apocryphe* und erklärt schliefslich unsern Roman für eine *œuvre pie!* — Dem ist als sichere Tatsache entgegenzuhalten, dafs der englische König im ganzen Roman nie weder heilig genannt, noch heilig geschildert wird und dafs im ganzen Roman sich auch nicht die geringste Anspielung auf irgend eine Heiligkeit, sei es die seinige oder die eines andern, findet; dafs der Wilhelm ein reiner Abenteuerroman ist, wie wir deren ein Dutzend andere auch haben und mehr; dafs er auch von der Mit- oder Nachwelt nirgends als Heiliger aufgefafst worden ist (die einzige Ausnahme bildet der Schreiber der Cambridger Hs., der ihn in der Überschrift als *saint* bezeichnet, wozu er durch die Nachbarschaft anderer Stücke verführt worden sein dürfte — der Schreiber der Arsenalhs. hat ihn dagegen in seiner grofser Sammelhs. an die richtige Stelle gesetzt, neben Theben, Troja, Floire und Blancheflor, Amadas, Chastelaine de Vergi), und so wundert man sich nicht wenig, dafs G. Paris von seinem fehlerhaften Urteil nicht durch die später erfolgte Richtigstellung anderer, so besonders von G. Gröber in seiner monumentalen altfrz. Litteraturgeschichte (1898) abgebracht worden ist ... Gröber S. 524 setzt unsern Wilhelm ganz richtig unter die Romans d'Aventure, „die Schicksalsdichtungen", wie er das Fremdwort verdeutscht, und zwar als ältesten Vertreter — die Beschreibung und Einschätzung dieser Dichtungsgattung ist geradezu musterhaft und hebt scharf ihren Unterschied von der Artusdichtung hervor. Man vergleiche nur den Wilhelm — unter Ausschlufs einer einzigen Episode (die göttliche Stimme) — mit anderen Abenteuerromanen, nicht nur etwa mit der ganzen grofsen Sippe, die sich um unsern Stoff gruppiren, sondern ebenso mit andern, ferner liegenden, wie z. B. mit Floire und Blancheflor, und man wird nicht den geringsten Unterschied weder in der Art des Stoffes noch in seiner Darstellung entdecken können. Der Wilhelm ist in jeder Beziehung ein Abenteuerroman. Nun beträgt jene Episode,

die ich absichtlich ausgeschlossen habe, blofs 300 Zeilen,
während der Roman deren 3366 hat, d. h. sie beträgt nur
einen verschwindend kleinen Bruchteil und obendrein wird
im ganzen Verlauf nie mehr auf sie oder das asketische
Moment zurückgegriffen — sie hat eben ihre Pflicht getan,
d. h. ihren Zweck, das Ehepaar und die Kinder zu trennen,
erreicht und ist damit abgetan. Es liegt auf der Hand,
dafs auch ebenso gut ein anderes, ganz verschiedenes,
jeder Spur von Gottergebung usf. bares Mittel gewählt
werden konnte, wie ja tatsächlich andere Bearbeitungen
andere Mittel anwenden — der ganze Roman bleibt aber
dadurch ganz unberührt und in keiner Weise beeinflufst.
Es ist ebenso einleuchtend, dafs dann niemand jemals auf
den Gedanken, ein Heiligenleben vor sich zu haben, hätte
kommen können. Wir haben es also mit einem reinen
Abenteuerroman zu tun und müssen ihn ausschliefslich
als solchen betrachten ... Dann aber unterscheidet er sich
in nichts von den andern Romanen dieser Gattung, es sei
denn durch die besonders spannende, gut motivirte und
bis zum Schlufs die Teilnahme der Leser festhaltende Art
der Erzählung. Treffend sagt G. Gröber a. a. O. S. 525:
„An Leichtigkeit und Lebendigkeit steht die Darstellung
hinter den Werken Christians nicht zurück. Neigung zum
sententiösen Ausspruch, Noblesse der Denkart, Mitgefühl
mit den vom Schicksal verfolgten Personen erinnern gleich-
falls an ihn." Und die geschickte Art, wie der Verfasser
die Episode der göttlichen Stimme behandelt hat — sie
ist es allein, die so viele veranlafst hat, in dem Abenteuer-
roman bis jetzt ein Heiligenleben zu sehen — zeigt seine
Meisterschaft auch in diesem ganz verschiedenen und
Kristian scheinbar so fernliegenden Stoff und lehrt uns,
wie der Dichter in allen Sätteln gerecht ist. Zwar einem
späteren Kritiker, H. Suchier, der unsern Wilhelm ohne
weiteres für echt und kristianisch hält, scheint es, dafs
Unwahrscheinlichkeiten und mangelhafte Motivirungen des
legendenhaften Stoffes in keiner Weise getilgt wären
(Gesch. d. frz. Lit., S. 143). Ich finde das gerade Gegen-
teil und bemerke, dafs es wenige Romane gibt, die so
gut aufgebaut sind wie gerade der Wilhelm. Wenn man

aber die Unwahrscheinlichkeit der Begebenheiten bemängeln will, dann bleiben wohl wenige mittelalterliche Romane übrig. Seit wann werden mittelalterliche Romane nach modernen realistischen Theorien eingeschätzt?[1]) Man sehe nur, wie z. B. G. Paris bei seinem Orson (S. LIII) einen ganz anders verworrenen Stoff glimpflich beurteilt . . ."

Es werden hierauf die verschiedenen zahlreichen Beweise für die Verfasserschaft K.'s von Tr. zusammengestellt:

„1. Trotz der Verschiedenheit des Stoffes und seiner Behandlung (reiner Abenteuerroman ohne jede Spur von Rittertum, höfischem Wesen und Minne) unterscheidet sich der Wilhelm in keiner Weise in der Kunst der Darstellung und der Motivirung von den K.schen Ritterromanen: dies hatte schon G. Gröber (s. o. S. 471) betont und jedermann, der den Wilhelm zwischen dem einen und dem andern Ritterroman K.'s durchliest, wird nicht nur keinen Unterschied finden, sondern den Wilhelm noch höher stellen, was spannende, durchsichtige, leicht hinfliefsende Erzählung, Kunst der Darstellung, Motivirung

---

[1]) Anstofs hat z. B. erregt das krankhafte Gelüste der vom rasenden Hunger geplagten eben entbundenen Königin, die sich an ihrem Neugeborenen vergreifen will (beachte bes. 616. 7 *à po qu'ele ne s'est rançainte des anfanz qu'ele a anfantez*); aber gerade solche Gelüste im ähnlichen Falle sind wohlbekannt, und bei den eben zitierten Versen mag mancher Leser an Ev. Joh. 4, 3: *numquid potest in ventrem matris suae iterum introire* gedacht haben. Zudem findet sich dieses Mittel des Hungerstillens sogar ausgeführt im Brut II, 272: *un braon trencha de sa cuisse, Larder le fist et bien rostir, A son oncle le fist ofrir*, was ich schon gr. Wilh. CLXXVIII herangezogen habe. — Wohl finden sich paar wirkliche Unstimmigkeiten, die bisher nicht beachtet wurden, so z. B. 2073. 2079 ist der *vaslet* nunmehr *juenes rois*, Nachfolger Wilhelms: wie kann ihn dieser nach 24 Jahren erkennen (*bien le conoissoit* 2197) und ebenso der *vaslet* den alten König 2205: *vos ressanblez un mien oncle?*, vgl. 2212. Die Schwierigkeit liefse sich ja wegdeuten, wenn man 2192 *bien le conoissoit* blofs auffafste als: ‚er wufste, dafs es der König ist', was sehr gezwungen wäre; eher könnte der junge König mit seinem *resanblez* blofs das Echo sein von den Nachrichten, die zu ihm gedrungen sind, s. 2143—2150.

u. a. anlangt — es ist nicht nur der älteste, sondern auch
einer der besten Abenteuerromane.

2. Mit dieser Kunst der Darstellung stimmt überein
die Kunst des sprachlichen Ausdrucks, des Stils,
des Versbaus und der Reime, Verwendung der Sprich-
wörter, s. R. Müller (Diss. Bonn 1891) S. 37—118 und
33—36; vgl. noch Litbl. 1908 Sp. 113 f. und Cligés³ XIV.
3. Dazu kommt der sicherste und überzeugendste der
bisher vorgebrachten Beweise, die völlige Übereinstimmung
der Sprache, wie sie die Reime verraten, bis in die
kleinsten Einzelheiten. Dazu kommt ferner dieselbe Phraseo-
logie und dasselbe Vokabular, wie ich mich beim Aus-
ziehen der Vokabeln des Wilhelm für das Kristian-Wörter-
buch selbst überzeugen konnte ..."

Es folgt eine knappe Zusammenstellung der sprachlichen
Ergebnisse der Reimvergleichung, wobei wir im ganzen
Vokalismus blofs zwei Fälle finden, die sonst im Kr. nicht
belegt sind: „degiet ‚aussätzig‘ 179 (degiez : alegiez) und
detuert 914 (: muert); es sind beides östliche Formen, wie
ich im gr. W. S. 475 und 914 ausführe. Eine feste Stütze
findet der Reim degiet auch durch Graal 4935, wo sowohl
in C(angé) und M(ons) giet (3. pr. kj. von giter, geter) mit
siet reimt. Und gerade für detuert beachte die von mir
aus der von einem Landsmann Kristians geschriebenen
Cangé-Handschrift beigebrachten Schreibungen, die um so
beweisender sind, als sie nicht im Reim, sondern mitten
im Vers stehen, wie ich denn auch für degiet Analoga
aus Troyes bringen konnte.

Die Übereinstimmung ist also viel gröfser als z. B.
im ältesten Erec (s. Erec², S. XXXV f.) und sogar im Graal,
wo ein grob östlicher oder südöstlicher Reim (in keinem
andern Werk K.'s nachweisbar) sich findet: regrate : mate
2493, durch C und M gesichert. Es ist vielleicht auch
das derselben Gegend angehörige grob mundartliche diemoine
‚Sonntag‘ : moine ‚Mönch‘ 4119 ursprünglich (in M freilich
durch einen nördlichen Reim ersetzt)[1]; ja es findet sich

---

[1] Nach einer gefälligen Mitteilung G. Baist's wird Graal 9491
das fremde mesnie von der Überlieferung abgelehnt, die sichert

im Graal sogar ein der Champagne ganz fremdes, auffälliges *mesnie* (= *maisniée*) : *desservie* 9491 in CM, das kaum ursprünglich sein kann.

Diese Übereinstimmung ist so grofs, dafs sie nicht nur dieselbe Mundart, sondern selbst dieselbe Örtlichkeit sichern dürfte. Man beachte, dafs wir blofs durch die Reime in der Karre, auch ohne das Geständnis des Fortsetzers, in den wenigen (884) Schlufszeilen des 7134 Verse umfassenden Romans sofort den fremden Verfasser erkannt hätten; vgl. Litbl. a. a. O., Sp. 109. Dies ist um so lehrreicher, als es sich hier nicht etwa, wie im Atre, um eine Fortsetzung in fremder Mundart (s. die Bonner Diss. von Wassmuth 1905) handelt, sondern um eine derselben Mundart angehörende, nicht fern liegende Ortschaft. So werden wir dann nicht nur auf die Champagne, sondern auf Troyes und, mit all dem andern zusammengehalten, auf Kristian v. Troyes geführt.

4. Die Gleichheit des Namens, wie die folgenden Ausführungen lehren. Schon die sprachliche Überein-

---

mesniec: Que vos l'avez bien desresniee. Dagegen ist 1. 2493 *regrate : mate* und 2. 4119 *dicmoine : moine* gesichert, da 1. alle Hss. bieten bis auf Clerm., fr. 1450. 1453, die *regrete: Celui à la chiere folete (nicete)* geben: „ganz unzureichend gestützt und macht den Eindruck einer ungeschickten Korrektur" und 2. alle bis auf CM bieten.

Zu 1.: Das so gesicherte *regrate* mit *a* aus gedecktem *ę*, ist nur lothringisch und burgundisch, aber der Champagne fremd (Atlas Ling. 123 *belette* gibt blofs für das an der Grenze von Burgund liegende 113 ein *blot*, wo dies $o < \mathring{a} < a < ę < e$ entstanden ist). Wie aber ein so grofser Reimkünstler, der gewifs um einen Reim nicht verlegen war, diese fremde Form einführen konnte, bleibt dunkel und läfst sich auch durch den Umstand, dafs der Graal unvollendet geblieben, nicht erklären ...

Leichter erklärt sich 2. *dicmoine* (st. *diemaine* von m. *-domĭnicu* neben f. *-domĭnica* > *dimanche*), da hier die Lippenstellung des Labials *m* die Artikulazion des folgenden Vokals beeinflufst hat, wodurch *mei, mai* zu *moi* wird, was ja aus dem nfrz. *moins, avoine, foin* u. a. bekannt genug ist. So hat denn auch der Schreiber der Cangé-Hs. öfter *moinne* statt *mainne* u. ä. — Der Atlas 405 *dimanche* kennt *dimwęn, dimwan* u. ä. für mehrere östliche und südöstliche Départements, aber nicht für die Champagne.

stimmung führt zwar darauf, da sie so grofs ist, dafs sie
nicht etwa blofs durch dieselbe örtliche Mundart, sondern
fast nur durch die gleiche Persönlichkeit erklärt werden
kann. — Nun gibt es im ganzen drei Crestiens, die in
der altfranzösischen Literatur vorkommen: 1. K. v. Troyes
und der K. des Wilhelm, die wir beide identifiziren.
2. Crestien le Gouais (oder ähnlich in andern Handschriften)[1])
de Ste. More vers Troyes,[2]) wie ihn eine Genfer Hs. nennt.
Der Verfasser des Ovide Moralisé, der in sein Riesenwerk
u. a. auch die Episode der Philomena aufgenommen hat,
nennt ihn *si com Crestiens le conte*, während im Text
dieser Philomena ihr Verfasser sich 734: *Ce conte Crestiens
li Gois* (oder ähnlich, s. die V. L.) nennt (nebenbei gesagt,
an einer ganz sonderbaren oder besser gesagt, unmöglichen
Stelle, falls hier wirklich der Verfasser der Episode sprechen
soll). Trotzdem soll dieser Crestien le Gois mit K. v. Tr.
identisch sein, was, wie ich Cligés[3] S. VIII. IX zeige,
grofse Bedenken hat (zwar der Champagne gehört auch
er an), aber für unsere Wilhelmfrage gleichgültig ist.
3. Crestien, der Verfasser einer altfranzösischen Übersetzung
eines Teiles des Ev. Nicodemi (hrsg. von Paris und Bos
1885), von den Herausgebern dem Anfang des XIII. Jahr-
hunderts und dem *est de l'Ile de France ou de la Cham-
pagne* zugeschrieben, so dafs er tatsächlich ein Landsmann
unseres Troyesmannes wäre; aber die Sprache verweist
ihn bestimmt statt nach dem Osten Frankreichs nach
seinem Westen, wie schon G. Gröber S. 656 stillschweigend
vorschlägt: „Perche“, genauer vielleicht noch nördlicher,
bis in die Normandie. Er scheidet also bereits so aus,
auch wenn ihn seine Darstellungsweise nicht sofort ohne-
dies ausschlösse.

Der Verfasser des Wilhelm nennt sich nun *Crestiien*
gleich in der ersten Zeile der allgemeinen Einleitung, die
er dem Roman vorausschickt, und dann nochmals bei seinem

---

[1]) Das Material zur Frage ist bequem zusammengestellt bei
C. de Boer in seiner Ausgabe der Philomena (1909) S. VI ff.
(über die Ausgabe s. Cligés[3] S. VII—IX).
[2]) Vgl. Philomena S. VIII.

eigentlichen Beginn Z. 18: *Crestiiens dit qui dire siaut*, und kommt auf seine Person nochmals am Schlufs zurück 3364—66, wo die, wie wir gleich sehen werden, wichtige Erwähnung seines ,*conpainz Rogiers*' steht. Vergleichen wir damit die Art, wie sich K. v. Tr. in seinen übrigen Werken nennt. In seinem ältesten uns erhaltenen Roman (Erec) stellt er sich in Z. 9 der allgemeinen Einleitung als *Crestiien de Troies*, und an ihrem Schlufs, Z. 26, nochmals als blofsen *Crestiien* vor, aber mit dem auffällig stolzen Selbstlob, dafs der Geschichte stets gedacht werden wird, so lange die Christenheit (d. hiefs damals die Menshheit) bestehen wird 23—25. Später aber nennt er sich stets blofs *Crestiien,* so im Cligés 23. 45. 6784, in Karre 25, im Ivain 6815 und ebenso im Graal 7. 62. Man sieht also, dafs er sich in seinem ältesten Erec noch mit dem Beinamen ,von Troyes' benennt, ihn aber später stets als überflüssig ausläfst — offenbar, weil er ihn nicht mehr zur Scheidung von etwaigen andern Kristianen brauchte, er vielmehr seinen Lesern wohl bekannt war. Damit stimmt völlig unser Wilhelm, der daher, was wir auch sonst schon stets getan haben, nach Erec zu setzen ist, stimmt auch darin, dafs er von sich selbstbewufst sagt: *qui dire siaut* (Z. 18), also auf sein Bekanntsein durch seine vorigen Werke hinweist. Es ist ohne weiteres einleuchtend, dafs ein fremder, verschiedener, gar der Champagne und sogar Troyes angehöriger Dichter sich unmöglich neben dem berühmten K. v. Tr. einfach mit blofsem *Crestien* bezeichnen konnte, es sei denn (was sonderbarerweise auch angenommen worden ist), er wollte an dem fremden Ruhm des berühmten Mannes trügerisch partizipiren und für ihn gehalten werden. Daher denn auch ein dritter, der Champagne gleichfalls angehörender Kristian, der Verfasser der Philomena, sich zur Unterscheidung *Crestiens li Gois* genannt hat, den man, wie schon bemerkt, trotz der Verschiedenheit des Namens mit K. v. Tr. hat identifiziren wollen. Dann hätte sich dieser zuerst Crestiens li Gois genannt, später K. v. Tr. und endlich blofs K.!, so schon Gröber S. 524 und s. Cligés[3] S. XII. — Noch auf einen neuen Gesichtspunkt bei der Beurteilung der Art des

Sichuennens führt uns das durch seine Bescheidenheit und
Zerknirschung rührende Bekenntnis des Namensvetters aus
dem Nordwesten Frankreichs: *Jo, Cristien, l'ai translatce*
(die *estorie*), *De latin en romanz turnec, Meis ne vol el
commencement Metre mun nun presentement, Pur ço
ke jo peccheor sui* (Ev. Nic. A 2185 ff.). In dem Vorsetzen
seines Namens im Beginn des Werkes liegt also eine Art
stolzen Selbstbewufstseins, und so nennt sich denn K. so
im Erec; ferner am Anfang in Cligés 23, in Karre 25 und
Graal 62, diese dreimal freilich begründet durch die gleich-
zeitige Nennung seines jedesmaligen Gönners — lediglich
am Schlufs nennt er sich im Ivain, in dem kein Gönner
vorkommt.[1]) Da nun im Wilhelm ebenso wenig ein Gönner
vorkommt, er sich darin aber gleichwohl gleich im Anfang
(sogar zweimal) nennt, noch dazu mit dem Hinweis auf
frühere Werke, so kann sich so nur ein wohlbekannter
Dichter nennen und zwar nach dem bis jetzt gesagten
ausschliefslich und allein Kristian von Troyes.

5. Dazu kommt die Erwähnung seines Gewährsmannes
und guten Freundes am Schlufs des Wilhelm: *La matiere
si me conta Uns miens conpainz, Rogiers li cointes, Qui
de maint preudome est acointes* (3364—66). Dieser
Rogier ist also ein angesehener Mann, der in guten Kreisen
verkehrt, wo er unsern Dichter, der dem Hof von Cham-
pagne nahe stand, leicht kennen lernen konnte. Es ist
vielleicht nicht unnütz zu erwähnen, dafs man in diesem
Rogier den Dichter Rogier von Lisaïs vermutet hat (s.
Gröber S. 524), „der als Verfasser einer Dichtung von
Isaire und Tentaïs genannt, augenscheinlich ebenfalls ein
roman d'aventure, und Crestien (v. Troyes) in einem Mirakel
rühmend an die Seite gestellt wird" (s. Gröber in W. Foerster-
Festband S. 428), sodafs diese Freundschaft der beiden
Dichterkollegen gut passen würde. Die Erwähnung eines
solchen Gewährsmannes verweist sofort auch die Ver-

---

[1]) Kristian nennt sich im Cligés, Ivain und Wilhelm am
Anfang und am Ende (hier nicht direkt), nur am Anfang in Karre
und Graal, die er ja nicht vollendet hat, aber auch im Erec,
wo man den Namen am Schlufs, der auch sonst auffallen kann,
ungern vermifst.

dächtigung, ein zweiter Kristian habe sich absichtlich so
unbestimmt bezeichnet, um für den berühmten Troyes-
mann gehalten zu werden, in das Reich müfsiger Erfindung:
so einen Zeugen, der allgemein bekannt ist, hier anzu-
führen, hätte sich jeder Betrüger wohl gehütet.

6. Wie wir gesehen haben, ist der Wilhelm ein
reiner Abenteuerroman, bei dem sofort die gänzliche,
grundsätzliche Ausschliefsung des ganzen Rittertums sowie
der höfischen Kreise überhaupt und ganz besonders die
planmäfsige Ausschaltung der Minne in die Augen fallen.
Statt der letzteren wird darin die innigste Gattenliebe
behandelt, aber von deren Beginn, dem Verlieben, kein
Wort. Dadurch scheidet sich der Wilhelm scharf vom
Erec und Ivain, die beide gleichfalls die Gattenliebe feiern,
ebenso wie der Cligés (freilich in sonderbarer Gestaltung
und langer Minneepisode); man kann selbst den Graal
dazuzählen. Doch alle diese Romane sind höfische Ritter-
romane. Aber bei näherem Zusehen finden wir, dafs der
Dichter selbst in der blofsen, nicht höfischen Abenteuer-
erzählung doch vornehmlich an höfische, adlige Kreise
denkt und in deren Sinne schreibt. Es fallen einem
gleich die Ausfälle gegen die *vilains* auf, denen wir
so oft begegnen: 1388. 1475 ff. 1488 ff. 1492 ff. ust.
Nun ist ja derlei damals allgemein Sitte gewesen, es läge
darin also nichts eigentlich Auffälliges: der Adlige ebenso
wie der Bürgersmann der Städte (man denke an die Be-
handlung der *vilains* in den vielen von *borgois* verfafsten
Schwänken) macht sich über sie lustig und behandelt sie
mit Verachtung. Ein ganz anderes Gesicht erhält aber
dieser Sachverhalt, wenn man sich vergegenwärtigt, dafs
hier sogar der reiche, angesehene Bürger der Handels-
stadt mit derselben Mifsachtung behandelt ist, wie sonst
der Dörfer: gerade sie werden *vilains* genannt, so 1387.
1394. 1467. 1488. 1496. 1519. 1577 usf., wie werden
sie als roh, gewälttätig und gefühllos geschildert 587—699.
962—981!, und von den zwei braven, warmherzigen Bürgern
Goncelin und Fouchier heifst es: *en vilenie porrissent*
(1388)! Sich durch ein ehrliches Gewerbe den Lebens-
unterhalt verdienen, ist *mauvestié* 1393. 1400; vgl. noch

1610 f. 1730 f. Ein Adeliger kann nicht Krämer werden, ein Gedanke, der in manchen Ritter- und Abenteuer- romanen wiederkehrt. Für diese Auffassung der höfischen Kreise ist von ausschlaggebender Wichtigkeit der Exkurs über die *Nature* (1362—1404), d. h. die Abstammung, welche siegt über die *Norreture*, die Erziehung und die Umgebung (vgl. Erec 1464); vgl. auch 1120 ff. 1474 ff. 1488 ff. 1492 ff. 1522 ff. 3248 ff. Wir befinden uns also auch mit diesem Roman immer in denselben Kreisen, für die er seine Ritterromane gedichtet hat. Es gibt noch viele solcher Züge: so vor allem die hübsche Schilderung der Hirschhatz 2592 ff. 2628 ff. 2663 ff. und 2724 ff.[1] — man erinnert sich dabei der Jagdszenen im Tristan. Beachte, dafs selbst der *vilain* Goncelin seinen Pflegesohn, der die Kürschnerei lernen sollte, aber nur im Bogen- schiefsen ausgebildet zu sein scheint, beim Abschied mit einem Zelter, einem Saumpferd und einem Knappen aus- stattet. Und selbst am Schlufs, wo in gerechter Würdigung der Verdienste der beiden bürgerlichen Ziehväter diese am Hof glänzend belohnt werden, unterläfst es der Dichter nicht, sie nochmals, aber diesmal geistreicher, zu verhöhnen: die reichen Geschenke der Königin nehmen sie nur an, wenn sie sie wieder verhandeln dürfen (3212—3266) und man beachte noch besonders die gute Beobachtung der in den Staatskleidern putzig sich gebärdenden Krämer (3268—3271).

7. Man kann noch vieles andre anführen, was für den Troyesmann spricht, einzelne Züge, wie Ortsnamen (a), andere, die auf Kenntnis des klassischen Altertums hin-

---

[1]) Welchen Kreisen der Dichter angehört, zeigt ganz be- sonders in dieser prächtig durchgeführten ausführlichen Episode ein kleiner Zug, auf den ich doch glaube eigens aufmerksam machen zu müssen. Durch eine glückliche ganz unerwartete Fügung sieht sich der alte am erlegten Hirsch stehende König aus schwerer Lebensgefahr befreit und gleichzeitig plötzlich im Angesicht seiner vor 24 Jahren verlorenen Zwillinge. Diese drängen zum sofortigen Aufbruch; doch der echte Weidmann verleugnet sich auch im Augenblick seiner höchsten Rührung nicht: *Desfeisons nostre cerf einçois!* „Brechen wir zu allererst unsern Kapitalhirsch auf!" (2906).

weisen (b), dann Stellen, die sich neben gleiche oder
ähnliche Einzelheiten in den übrigen Romanen stellen (c),
unter denen manche sehr ins Auge fallen und, mit all
dem bisher vorgebrachten zusammengehalten, schwere
Beweiskraft erlangen.

a) Der als Gui dienende König wird von seinem Herrn
hinausgeschickt auf die Märkte von Bar, Provins und
Troyes 1987, die nebeneinander in einer Zeile hinter
Flandern, England, Provence und Gascogne genannt werden:
der Verfasser hat so geschickt die berühmten Handels-
und Stapelplätze seiner Heimat hier angebracht, deren
Märkte weltberühmt waren: Bar (Aube) mit seinen vier
Jahrmärkten, Provins, die Hauptstadt der Brie Champenoise,
die höfische Residenz der Grafen von Champagne, Troyes
endlich mit seinem Hof und seinen Märkten (z. B. die *foire
chaude* und *froide*); so schon gr. W. S. CLXVIII, vgl. ebenso
Gröber S. 528.[1])

b) Den Kenner des klassischen Altertums, der in
seiner Jugend den Ovid bearbeitet hat, erkennt man z. B.
in der Episode des Tantalus 907—928. Das Horazische
Quidquid delirent reges, plectuntur Achivi wird hübsch
ausgeführt im Vergleich des Seesturmes und seiner Opfer
2346—2356, das Vergil'sche *Meminisse juvabit* gibt ge-

---

[1]) Die volle Bedeutung all der verschiedenen Einzelheiten
über Handel, Handelsreisen, Handelsplätze, Jahrmärkte, Handels-
artikel, die sich so zahlreich im Wilhelm finden, erfaßt man erst
nach Kenntnisnahme der internazionalen, weltberühmten Handels-
verhältnisse der Champagne im MA. Die aus Okzident und
Orient regelmäßig besuchten Jahrmärkte in Troyes, Bar, Provins
und Lagny, deren jeder mehrere Wochen dauerte und die ein-
ander so ablösten, daß sie das ganze Jahr ausfüllten, machten
aus der Champagne einen internazionalen Stapelplatz für eine
große Zahl von Handelsartikeln. Über all dies findet man genaue,
aus zeitgenössischen Urkunden geschöpfte Unterweisung in
F. Bourquelot, Etudes sur les Foires de Champagne .. XII.
XIII et XIVe siècles, Paris 1865 (= Mémoires présentés à l'Ac.
des Inscr. V, I, 1—135, II, 1—382). Nur dem Namen nach kenne
ich Al. Assier, Ce qu'on apprenait aux foires de Champagne au
XIIIe s., suivi d'une notice historique sur les foires de la Cham-
pagne et de la Brie, P. 1858, 2. A. 1875.

schickt 3323 f. wieder. Ein Kundigerer wird gewifs noch weiteres finden.

c) Entscheidend scheint mir zu sein das Zusammentreffen der *conins* und *violetes* 2013 mit Erec 2114 *De conins et de violetes*, dem ich noch gleich die *escuriaus* und *brunetes* W. 2014 = Erec 6669 *Ne de conins ne de brunetes* hinzufüge. Wenn auch dies letztere Wort nicht so rar ist (vgl. auch prov. *bruneta*), so ist doch *violete* äufserst selten: es findet sich in der ganzen Litteratur aufser Barb. IV, 179, 127 nur noch einmal, nämlich im Barlaam 4166 *vielete*, das wohl in *violete*, dem Alter des Textes entsprechend, gebessert werden sollte (bei C. Appel fehlt jede Anm., ja sogar das Wort selbst im Glossar). God. hat zwar noch *une cotte de violette* aus 1420 und ein zweimaliges *vil(l)ette* von 1339. 1399, von dem es möglich ist, dafs es unser Wort ist. — Es wäre doch sonderbar, wenn ein fremder Kristian dieses so seltene *violete* sich aus dem Erec geholt hätte![1]) — Ebenso wichtig ist das Wortspiel mit *amer* (*amare*) und *amer* (*amarum*) 371. 2, angesichts der berühmten Stelle im Cligés 550 ff., wo dasselbe Wortspiel ausgeführt wird. Der Wilhelmsche Gedanke 37: *Li rois G. mout l'*(Graciene) *ama, Toz jorz sa dame la clama* bekommt seine volle Bedeutung erst durch Cligés 6753 f.: *De s'amie a feite sa fame, Mes il l'apele amie et dame.* — Der Beherrscher von Sorlinc wird mit Roland verglichen, was in solcher Erzählung auffällt, doch vgl. Erec 5778 f. und Ivain 3237. — An den Ivain erinnert manches: die beiden Söhne W.'s hören im Wald das Horn und gehn ihm nach 2755—2762, vgl. Ivain 4862—4871. Die Feinde zerstören alles aufser-

---

[1]) Man findet bei Berquelot alles Wünschenswerte nicht nur über die allgemeinen, sondern ebenso über alle möglichen Einzelfragen, u. a. Angaben über den Handel mit England S. 198 f., Schottland, dessen Gerbereien berühmt waren, Irland S. 271, Flandern, Südfrankreich usf., über Troyes als Handelsplatz für Leder- und Pelzwaren S. 272, über *violetes* S. 235. 238, *brunetes* S. 237, über Fuchs-, Katzen- und Kaninchenfelle (W. 2006. 2012. 2013) S. 276 f., über die *espices* in W. 1371 f., über *cordoan, alun, bresil* W 2004 f. S. 286 ff. — Man begreift, wo Kristian von Troyes seine geographischen und kommerziellen Kenntnisse sich geholt hat.

halb der Mauern stehende 3092 ff., vgl. Iv. 3779 f. 3893 f. —
Auch die (im Märchenton gehaltene) Schlufsformel des
W. 3362. 3 erinnert an den Schlufs des Iv. 6814 f. — Ich
schliefse mit einer letzten Stelle 1366 ff., die auffallend
an I v a i n 1398 ff. erinnert. Im Wilhelm heifst es: *Mes
l'une (sausse) est troble et l'autre clere, Et l'une est douce
et l'autre amere, . . . An l'une a girofle et canele, . . .
S'est de jus de pomes grenates Avuec le basme
destanpree: Et l'autre est si mal atanpree, Qu'il n'i a
ne çucre ne miel* und im Ivain: *. . . qui an la çandre
Et an la poudre espant son basme, . . . Et destanpre
çucre de fiel Et mesle suie avueques miel.* — Übergehn
möcht ich zum Schlufs auch nicht den Exkurs W. 2596
—2638 über das *grant panser*, das gleich mit *songier en
veillant* erklärt wird, und es dann hübsch ausführt. Es
ist dies die psychologische Erklärung des berühmten *panser*
im Graal (Schnee mit drei Blutstropfen), das hier schon
im Keime enthalten ist; vgl. auch Erec 3762 f., Ivain 2704 f.

Ich gebe hier noch paar Einzelheiten aus meinen
Notizen: *escamonie* 1376. 1491, vgl. Iv. 616; *aorser* 1475
und Iv. 2524; das K. so beliebte *estre en espens* 1338;
oiseler 1289 (vgl. Erec 6468 und Anm.); *antresaingne* sb.
f. 2497, vgl. Karre 4794 (wo mit *V* (*T*) *antresaingnes
veraies* zu lesen ist), Cl. 4741, Iv. 4958 G — die gew.
Form ist das Mask. *entreseing*; *à buen ëur* 3264 = Iv. 2776.
3402; beachte noch *de si loing que venir le voient* 1831
und Erec 361, Iv. 6676 und vgl. die Anm. zu Iv.[3] 989.

Ich bin zu Ende. Ich habe diesmal zu den bisherigen
Beweisen, unter denen die bis ins kleinste gehende Gleichheit
der Sprache und des Stils, die für den Fachmann bereits
die Evidenz ergaben, an erster Stelle standen, eine lange
Reihe von andern, neuen Beweisen hinzugefügt, von denen
einige wieder als zwingend sich erweisen, während andere
nur im Zusammenhang mit diesen zwei als ausschlaggebend
befundenen Beweisen ihren Wert erhalten. Sie werden
wohl dazu dienen, auch diejenigen, die die Reimuntersuchung
ihrem Wert nach einzuschätzen nicht imstande sind, zu
überzeugen, dafs der prächtige Abenteuerroman des Wilhelm
von England auch ohne ein direktes Zeugnis, das ja nicht

geschafft werden kann (es ist auch das Einzige, was noch fehlt), dem berühmten Kristian von Troyes zugewiesen werden muſs."

Der Inhalt des Gedichts ist kurz der folgende:

1. Flucht des Königspaares.

In Bristol lebte ein gottesfürchtiger König namens Wilhelm mit seiner ebenso frommen Gattin Graciene in kinderloser Ehe: erst im siebenten Jahre wurde sie schwanger. Und als schon ihre Zeit kommen sollte, wird der König nachts durch eine überirdische Stimme aufgefordert, in die Fremde zu ziehen. Der zu Rate gezogene Hofkaplan riet, alle unrecht erworbene Habe zurückzuerstatten, was sofort geschieht. Als die Erscheinung sich in der nächsten Nacht wiederholt, rät der Kaplan, der König möge seine gesamte Habe der Kirche und den Armen schenken, aber noch zuwarten, ob die Stimme ein drittes Mal sich vernehmen läſst. Der König folgt getreu dem Rat, aber ebenso auch die Königin, die die Stimme gleichfalls vernommen hatte. Die Stimme ertönt aber in der dritten Nacht noch nachdrücklicher, so daſs der König, zu folgen bereit, sofort aufsteht und sich ankleidet. Dasselbe tut aber zum Leid des Königs auch die Königin, die ihn unter keinen Umständen verlassen will und trotz alles Zuredens des Königs, der ihr ihre hohe Schwangerschaft und die Gefährdung der Leibesfrucht vorhält, ihren Willen durchsetzt. So verlassen sie denn (alles im Stich lassend, blofs der König nimmt sein Schwert mit) durch ein Fenster das Schloſs und ziehen aus nach der Forst, sorgfältig jeden Pfad und Weg meidend, damit man ihre Spur nicht finde (376).

Des Morgens bleibt im Schloſs alles still und als sich auch mittags noch nichts rührt, wird die Tür erbrochen und man findet das Haus verlassen — nur das offene Fenster verrät ihre Flucht. Im Nu wird die Stube geplündert. Ein Bürschlein findet ein Waldhorn aus Elfenbein, das der König auf der Jagd stets trug und schleppt es zu seiner Mutter. Die Bestürzung ist allgemein. Alle Nachforschungen sind vergebens (427).

II. Geburt der Zwillinge. — Allgemeine Trennung.

Die Flüchtigen ziehen im Wald, von dessen Früchten sie sich nähren, immer weiter, bis sie aus demselben an eine Felsenhöhle gelangen. Hier wird die Königin von den Wehen überrascht und genest eines Knäbleins, das der König in einen Schoſs, den er von seinem Rock abgehauen, einwickelt. Als ein zweiter Knabe bald darnach folgt, wickelt er ihn in den andern Rockschofs ein (506). Als die Königin am andern Morgen erwacht, quält sie ein so furchtbarer Hunger, dafs sie voller Verzweiflung eines ihrer Kinder essen möchte, worauf der König entsetzt ihr von seinem Leib ein Stück Fleisch abschneiden will. Dies gibt sie nicht zu und schickt ihn fort, irgend etwas Efsbares zu holen (563). Der König erblickt vor sich das Meer und im Hafen Kaufleute, die ein Schiff beladen hatten und zur Ausfahrt bereit waren. Er fleht um irgend ein Essen, wird aber als bettelnder Landstreicher schroff abgewiesen, worauf der König jammert, er bettle nicht für sich, sondern für seine Frau, die in der Nacht Zwillinge geboren und jetzt Hungers sterbe. Voll Neugier schicken die Kaufleute vier Mann aus, die dem König folgen, der sie zur Höhle führt. Die Schönheit der Königin, die neben dem zerlumpten König um so mehr auffällt, überzeugt sie, dafs sie entführt sei, und so entschliefsen sie sich rasch, sie mitzunehmen. Sie legen sie auf eine schnell zurecht gemachte Bahre und tragen sie nach dem Schiff, während sie den König, der dies mit Gewalt verhindern will, durchprügeln und mit den Zwillingen allein lassen. Einer der vier Kaufleute wirft ihm aus Mitleid eine Gürteltasche mit fünf Goldstücken zu, die auf einem Ast vor der Höhle hängen bleibt (745). Als die Kaufleute mit der Königin davongesegelt waren, überlegt der König in seinem Jammer, er würde, falls er in England bliebe, doch gefunden werden und beschliefst deshalb in einem der Boote, die er am Ufer gesehen, in die See zu gehen und sich dem Zufall zu überlassen. Er geht rasch nach der Höhle zurück und nimmt ein Kind mit, das er in ein Boot legt. Dann will er das zweite Kind holen, das aber ein Wolf inzwischen im Rachen forttragen will. Der König verfolgt ihn umsonst, bis er vor Müdigkeit zusammenbricht. Dem Wolf aber begegnen im Wald Kaufleute, die ihm das Kind abjagen, das hierauf von einem derselben an Kindesstatt aufgenommen wird. Als sie nun aus Meer kommen, finden sie im Boot das zweite Kind, das ein anderer von ihnen aufnimmt; doch wissen sie nicht, dafs es Zwillinge sind (838).

III. Der König als Diener bei einem Bürger in Galveide.

Der König bricht in bittere Klagen über sein Mifsgeschick aus. Er will dann wenigstens die Geldbörse mitnehmen, aber ein Adler entreifst sie ihm im Augenblick, als er nach ihr gegriffen. Der König betrachtet dies als gerechte Strafe seiner Geldgier, die in langem Monolog verflucht wird. Ruhelos schweift er hin und her, bis er auf Kaufleute stöfst, die ihn mit Prügeln begrüfsen, aber endlich auf sein Flehen in ihr Schiff mitnehmen. So kommt er nach Galveide, wo ihn ein Bürger als Diener unter dem Namen Gui aufnimmt. Durch seine gewissenhafte Dienstwilligkeit erwirbt er bald sein Vertrauen und die Verwaltung des Hauses (1045).

IV. Die Königin wird Landesherrin von Sorlinc.

Inzwischen waren die ersten Kaufleute nach Sorlinc gekommen, wo die von allen begehrte liebreizende Königin vom Herrn des Landes, dem Ritter Gleolaïs, beansprucht und seiner Frau übergeben wird. Sie gewinnt aller Leute Gunst und wird von Gleolaïs nach dem Tode seiner Frau zur Gattin erkoren. Graciene erklärt sich unter Vorspiegelung, sie sei eine hergelaufene Dirne, solcher Ehre für unwürdig, entschliefst sich aber, da Gleolaïs nicht nachgibt, zur Ehe unter der Bedingung, dafs sie ein Jahr lang eines Gelübdes wegen keine Gemeinschaft haben werden. Nach der Hochzeit müssen die Lehensleute ihr huldigen und als sie noch vor Ablauf des Jahres Witwe wird, ist sie Herrscherin des Landes und gewinnt die Herzen ihrer Untertanen (1341).

V. Schicksal der Zwillinge.

Das Schiff mit den Zwillingen kommt nach Quatenasse, wo sie getauft und Lovel und Marin benannt werden. Sie wachsen heran, in guter Kameradschaft, ohne Ahnung dafs sie Brüder sind, und erregen durch ihre Schönheit und Zucht allgemeine Bewunderung. Als sie herangewachsen sind und ein Handwerk, die Gerberei, lernen sollen, sträuben sie sich und werden von ihren Pflegevätern, die ihnen ihre Herkunft als Landstreicherkinder vorwerfen, geprügelt und weggejagt. Lovel in seiner Herzensgüte dankt gleichwohl seinem Pflegevater für all das Gute, das er ihm erwiesen, und erhält von ihm eine gute Ausstattung, während Marin nichts als den Rockschofs, in dem er gefunden worden (den auch Lovel hat) mitnimmt. Vor der Stadt treffen sich die beiden und ziehen zusammen nach einem Wald, wo Lovel einen Damhirsch schiefst, den sie nach einer Laubhütte schaffen. Hier werden sie vom Förster überrascht, der ihnen die schwersten Strafen androht. Er bringt sie zum König von Quatenasse, der an ihnen Gefallen findet und sie bei sich behält, wo sie in der Jägerei ausgebildet werden (1965).

VI. Wilhelms Fahrt nach Bristol und Sorlinc. — Zusammentreffen mit Graciene.

Der König hat inzwischen das Vertrauen seines Herrn so gewonnen, dafs dieser ihm Geld leiht und auf Handelsreisen aussendet, von denen er reichen Gewinn bringt, weshalb der Bürger ihm seine zwei Söhne nebst Schiff und grofsen Warenvorräten anvertraut und nach Bristol, also in des Königs früheres Reich, zum Markt schickt. Hier erwirbt Wilhelm sein Jagdhorn von dem Burschen, der es s. Z. entwendet und wird von allen Leuten wegen seiner Ähnlichkeit mit dem seit vierundzwanzig Jahren verschwundenen König angestaunt. Der neue König, ein Neffe Wilhelms, dem das Reich als Erbe zugefallen war, erfährt davon, begibt sich zu Wilhelm und lädt ihn ein, an seinem Hof mit ihm als sein Seneschal zu leben. Wilhelm erfährt, daſs er sofort die Krone wieder erhielte, wenn er sich zu erkennen gäbe; aber das will er um keinen Preis (2285), sondern eines schönen Morgens flieht er heimlich in die See, wo er von einem schweren Sturm überrascht und nach Sorline in das Gebiet seiner Frau verschlagen wird. Nach dem dortigen Zollgesetz begibt sich Graciene auf das Schiff, um sich das kostbarste als Eingangszoll auszusuchen. Sie staunt ob der Ähnlichkeit des fremden Kaufmanns mit ihrem Gemahl, sieht dann das von Wilhelm erstandene Jagdhorn auf dem Mast hängen, das sie sofort erkennt, und fordert von ihm nichts anderes als seinen Fingerring, den sie einst getragen hatte. Zugleich muſs er samt seinen Leuten ihr Gast sein. Bei der Tafel im Schloſs erst erkennt Wilhelm seine Frau, die bisher ihr Gesicht verhüllt hatte. Aber sie geben sich nicht zu erkennen. Nach Tisch versinkt der König in Gedanken und träumt wachend, er sei auf der Hirschhatz, worauf Graciene sofort eine eine solche veranstaltet (2663) und mit ausreitet. Hier erst geben sie sich zu erkennen und voller Rührung und Freude erzählen sie einander ihre Schicksale. Graciene schlieſst, nachdem sie erzählt, wie sie hier Landesherrin geworden, mit der Warnung, bei der Jagd den nahen Bach nicht zu überschreiten; denn das Gebiet gehöre einem Nachbar, der sie mit Gewalt heiraten will und wegen ihrer Weigerung bekriegt.

VII. Wilhelms Zusammentreffen mit seinen Söhnen.

Allein in der Hitze der Verfolgung setzt Wilhelm dem Hirsch nach über den Bach, wo die Hunde den Hirsch stellen. Wilhelm bläst mit seinem Jagdhorn Halali, das zwei Ritter, die im Sold des feindlichen Nachbarn standen, herbeilockt, die den König mit dem Tode bedrohen (2778). Der König gibt sich zu erkennen und erzählt seine Leidensgeschichte. Wie er bis zur Geldbörse und dem Adler gelangt, fällt wunderbarerweise die Börse aus den Wolken herab zur Bestätigung der Wahrheit. So erfahren Lovel und Marin ihre Herkunft und Wilhelm wird durch den Anblick der abgeschnittenen Rockschöſse von der Wahrheit ihrer Erzählung überzeugt. Sie eilen zum König von Quatenasse, der sich mit ihnen freut und von Wilhelm erfährt, daſs die von ihm befehdete Graciene die Mutter der beiden Ritter ist (3019).

VIII. Allgemeines Erkennen. — Das Königspaar kehrt nach London zurück.

Inzwischen ist Graciene, die Wilhelms Rückkehr vergebens erwartet, auſser sich und sammelt ihren ganzen Heerbann, um ihren Gemahl lebendig oder tot zu erhalten. Am nächsten Morgen rücken sie gegen das Feindesland und treffen Wilhelm mit seinen Söhnen und dem König von Quatenasse, worauf die allseitige

Erkennung folgt. Letzterer bittet um Gnade, worauf Graciene
ihm Sorliue überläfst, wohin sich nun die ganze Gesellschaft be-
gibt. Dorthin werden auch die Pflegeväter der Söhne bestellt
und reich beschenkt (3271). Nach achttägigem Fest fahren alle
zur See nach England, wo Wilhelm ihnen die Höhle im Felsen
zeigt, wohin auch sein Neffe, der Wilhelms Reich inne hat, be-
stellt wird. Dieser kommt und gibt ihm die Krone wieder. Es
folgt der feierliche Einzug in London, wo das Paar mit Jubel
empfangen wird (3366).

Wie man sieht, ist die Gliederung sehr einfach und
durch die Erzählung selbst gegeben — keine Einschiebsel,
Abweichungen oder unnütze Abenteuer. Die Komposizion
ist, mit jener der übrigen Romane K.'s verglichen, ge-
schlossen und fest gefügt — dies gilt nicht etwa nur für
die nicht vollendete Karre und Graal, sondern ebenso
für Erec, Cligés und Ivain. Alles ist knapp gehalten
und hängt fest zusammen. Die Handlung spielt in Eng-
land; einige Angaben sind etwas unbestimmt; vgl. das
Kapitel: ‚Die Örtlichkeiten im Wilhelmsleben‘ in der gr.
Ausgabe S. CLXXX fg. Jedenfalls ist Kristians Kenntnis
der Örtlichkeiten Englands hier ebenso wie im Cligés (vgl.
dort S. XXIII, Anm.) eine solche, wie sie ohne jede Mühe
auf den Weltmärkten der Champagne, und zwar schon in
seiner eigenen Vaterstadt (s. o. S. XXVII f.), aus dem Munde
der Kaufleute geschöpft werden konnte. Aber eben deshalb
ist auch für Sorlinc 1050 eine bestimmte Hafenstadt anzu-
nehmen, die noch zu identifiziren ist. Die Erzählung selbst
ist, wie schon bemerkt, überaus geschickt, lebendig und
spannend und zählt zu den besten unter den vielen Aben-
teuerromanen, deren ältester Vertreter sie ist.

Für diese Textausgabe ist der Text nochmals nach
den Hss. neu bearbeitet und gebessert. Hier führe ich
blofs die Besserungen an, die gegen die handschriftliche
Überlieferung eingeführt worden sind: 287 *o*] *a* Hss.;
nos] *uos* Hss.; 351 *fu*] *iert* Hss.; s. kl. Cligés[3] zu 72;
326 fehlt C, P: *Fos est qui senseigne* (so — 3); nach
747 dürfte ein Verspaar ausgefallen sein: < Der König

ist den Kaufleuten, die die Königin entführen, bis zu den
Schiffen nachgegangen >; 1250 *dite*] *dit* Hss.; 1381 *come*]
con Hss.; (2007 *je* mit P ausgelassen); 1624 könnte in *dc*
[*cest*] *latin* gebessert werden; aber wie hätte diese klare
Wendung zu dem dunkeln *relatin* verlesen werden können?;
2013. 14 fehlen P, stehn C hinter 2015 — ich habe sie
deshalb, anders als in der gr. Ausgabe, gleich an 2012
angeschlossen und die ehemaligen Zeilen 2013. 2014 an
das Ende der Aufzählung gesetzt; 2161. 2967 *gié*] *jc*
Hss.; ebenso noch 245 zu ändern; 2384 *isle*] lies *vile*
mit P, da es das Nachbarland von Quatenasse, also
keine Insel, ist, gegen *isle* CE — mit P ist dann *la* zu
streichen; 3061 *S'iere*] *Si ert* P, *Qui iert* C; 3176 *qu'a*
und *vindrent* Hss., also Assonanz (vgl. Erec[2] S. XXXVII), was
dem Sinne besser zusagt.

Die sprachliche Uniformirung ist nach den Normen,
die ich im kl. Cligés[3] S. LXXXII—LXXXVII aufgestellt,
durchgeführt.

Am Ende steht das Namensverzeichnis und eine Liste
der selteneren Wörter. Die Sternchen verweisen auf die
Anmerkungen der grofsen Ausgabe; das hinter der Vers-
ziffer stehende : gibt an, dafs das Wort im Reim steht.

W. Foerster.

Wilhelm von England

—

CRESTIIENS se viaut antremetre [Michel S. 39.
   Sanz rien oster et sanz rien metre
De conter un conte par rime
Ou consonante ou lionime,
5 Aussi con par ci le me taille,
Mes que par le conte s'an aille.
Ja autre garde n'i prandra:
La plus droite voie tandra,
Que il onques porra tenir
10 Si que tost puisse a fin venir.
Qui les estoires d'Angleterre
Voldroit ancerchier et anquerre,
Une, qui mout fet bien a croire
Por ce que pleisanz est et voire,
15 An troveroit a saint Esmoing. [M. 40.
Se nus m'an demande tesmoing,
La l'aille querre, se il viaut.
CRESTIIENS dit, qui dire siaut,
Qu'an Angleterre ot ja un roi,
20 Qui mout ama De et sa loi
Et mout enora sainte eglise,
Chascun jor ooit son servise;
Que De ot fet veu et promesse,
Que ja ne matine ne messe
25 Ne perdroit tant come il ëust,
Qui dire et chanter li sëust.
LI rois fu plains de charité,
   Mout ot an lui humilité
Et mout tint an pes son reaume;
30 L'an l'apela le roi Guillaume.
Li rois ot fame bele et sage,

Et si fu de real lignage;
Mes l'estoire plus n'an reconte
Ne je ne vuel mantir el conte.
35 La rëine ot non Graciiene,
Si fu mout bonne crestiiene.
Li rois Guillaumes mout l'ama,
Toz jorz sa dame la clama.
La dame rama son seignor
40 D'autel amor ou de greignor.   [M. 41.
Se li rois ama De et crut,
La rëine rien ne l'an dut.
Se cil fu de charité plains,
An cele n'an ot mie mains.
45 S'il ot humilité an lui,
An l'estoire trovai et lui,
Qu'autant an ot an la rëine.
Onques cil ne perdi matine
Tant come il ot prosperité.
50 La rëine par verité
I rala tant come ele pot:
An aus deus mout de toz biens ot.
Sis anz antr'aus conpaignie orent,
Que nul anfant avoir ne porent.
55 La rëine au seme conçut:
Quant li rois le sot et parçut,
Servir et bien garder la fist.
Il mëismes garde s'an prist,
Que nule rien n'avoit tant chiere.
60 Tant come ele fu si legiere
Que li fes trop ne li greva,
As matines adés ala
A l'ore, que li rois levoit
Si come acostumé l'avoit.
65 Mes quant li rois vit aprochier   [M. 42.
Le terme que dut acouchier,
Crient que trop li pöist grever,
Si ne l'i leissa plus aler;
A remenoir li comanda.
70 Ele remest, il i ala,

Que nule perdre n'an voloit.
Une nuit si come il soloit
Fu esveilliez a la droite ore,
Mervoille soi, por quoi demore,
75 Qu'il n'ot les matines soner.
Aussi con s'il dëust toner,
Ot un escrois et si tressaut,
Son chief an a levé an haut,
S'a par la chanbre regardé
80 Et vit une si grant clarté,
Que del veoir toz s'esblöi.
Avuec ce une voiz öi,
Qui li dist: „Rois, va an essil!
De par De et de par son fil
85 Le te di gié; qu'il le te mande.
Fai tost ce que il te comande."
Li rois de ce mout se mervoille,
A son chapelain s'an consoille
Aprés matines l'andemain.
90 Cil mout leal consoil et sain   [M. 43.
L'an dona lonc s'antancion:
„Sire! de ceste avision",
Fet il, „que vos avez vëue,
Ce ne sai je, s'ele est venue
95 De par De, ne vos nel savez;
Mes je sai bien que vos avez
Mainte chose, ou vos n'avez droit.
Feites crïer tot ore androit,
Se nus vos set que demander,
100 Que prez estes de l'amander.
C'est mes consauz, il n'i a tel:
,Ne retenez autrui chatel,
Mes aquitez vos bien par tot'.
De ceste avision redot,
105 Que d'aucun fantosme ne vaingne."
Li rois n'a talant, qu'il desdaingne
Ce que cil li loe et comande.
Tot maintenant a sa cort mande
Trestoz çaus, de cui il savoit

110 Que rien del lor a tort avoit,
     S'a a chascun randu le suen.
     Tot son creant et tot son buen
     Fist a chascun del miauz qu'il pot
     De quanque demander li sot.
115 Quant li rois fu conchiez la nuit,   [M. 44.
     Droit a cele ore öi le bruit,
     Vit la clarté, öi la voiz:
     Anmi son vis a feite croiz.
     De la mervoille que il ot
120 Se leva sus plus tost qu'il pot,
     Si ala orer au mostier,
     Batre sa coupe et De priier,
     Tant que ot matines chantees.
     Quant totes les ot escoutees,
125 A une part de la chapele
     Le chapelain tot seul apele,
     Si li ra consoil demandé
     Et dist, que Des li a mandé,
     Que an essil s'an aille tost.
130 Cil n'est tes, que veer li ost,
     Mais il li dist: „Ne vos enuit,
     Sire! atandez ancore anuit,
     Et se tierce foiz vos avient,
     Donc sachiez, que de par De vient
135 Et la clartez et li escrois.
     Bien le vos di et reconois:
     Tierce foiz ancore atandez,
     Ja puis consoil ne demandez,   [M. 45.
     Se tierce foiz vos an semont;
140 Mes an despit aiiez le mont,
     Et vos mëisme despisiez,
     De seul amez et De prisiez,
     Por De aiiez tot an despit
     Et departez sanz nul respit
145 Tot vostre or et tot vostre arjant,
     Feites bien a la povre jant,
     As meisons De et as eglises:
     La sont bien les aumosnes mises.

Donez copes, donez aniaus,
150 Donez cotes, donez mantiaus,
Donez sorcoz et covertors,
Donez girfaus, donez ostors,
Donez destriers et palefroiz,
Donez si tot a ceste foiz,
155 Que li vaillanz d'une chastaingne
De toz muebles ne vos remaingne.
N'an portez vaillant un festu
Fors tant que vos avroiz vestu,
Et Des, quant li termes vandra,
160 A çant dobles vos an randra
Le guerredon et la merite."   [M. 46.
Li rois ot, que cil li a dite
Bonne parole et veritable,
Et dit: „Por De l'esperitable,
165 Biaus sire! celez ceste chose,
Que parole n'an soit desclose
Ne plus que de confession."
„Ja n'aie je remission,
Sire! quant par moi iert sëue
170 Chose qui doive estre tëue."
A tant de l'eglise se part
Li rois et cil de l'autre part;
Mes li rois ne s'oblia pas,
Tot son tresor eneslepas
175 Devant lui aporter comande,
Les abez et les prïeus mande
De povres meisons sofreiteuses,
Mande abeesses et prïeuses,
Mande povres, mande degiez:
180 De son tresor s'est alegiez
Et de son mueble se delivre,
Por De le done tot et livre.
Et aussi done la rëine
Son ver, son gris et son ermine
185 Et ses joiaus et ses deduiz;   [M. 47.
Car ele ravoit les deus nuiz
La voiz öie et le tonoirre.

Vaillant une cope de voirre
De toz muebles n'ont retenu.
190 Del jor sont a la nuit venu,
Tot ont doné et departi.
Cele nuit n'ont gueires dormi;
Car andui ierent an escout,
Et a chascun demoroit mout,
195 Que l'escrois et la voiz öissent
Et que la clarté revëissent.
A la droite ore l'escrois öent,
Anbedui Damedé an loent,
Et la clarté virent ansanble.
200 Et la voiz dist: „Rois, car t'an anble!
Va t'an tost, si feras que sages.
Je te sui de par De messages,
Qu'il viaut que an essil t'an ailles.
Mout le coroces et travailles
205 De ce que tu demores tant."
Tantost s'est levez an estant
Li rois toz nuz et si se saingne,
Le pleisir De pas ne desdaingne;
Car il se leva maintenant
210 Et chauce et vest isnelemant.
Et la rëine se relieve: [M. 48.
Li rois le voit, formant li grieve,
Car de li se cuidoit anbler;
Mes o lui l'estuet assanbler
215 Et sa conpaignie tenir,
Que que il vuelle devenir;
Que ja ne s'an departira
Ne sanz lui nule part n'ira.
Et li rois qui lever la voit,
220 Li demande que ele avoit:
„Dame!", fet il, „por quoi levez,
Par la foi que vos me devez?"
„Por quoi, biaus sire? Et vos por quoi?"
„Dame! a matines aler doi.
225 Por ce me lief, qu'aler i vuel,
Si ferai ce que feire suel."

„A matines? Est ce gabois?“
„Nenil, dame!“, ce dist li rois.
„Si est, sire! se Des me saut.
230 Li celers rien ne vos i vaut,
    Ne vos n'iroiz mie einsi quites:
    Jel vos dirai, se vos nel dites.“
„Dites le donc, se vos savez.“
„Volantiers, sire! Vos n'avez
235 Rien nule cez trois nuiz vëue,
    Don ne me soie aparcëue: [M. 49.
    J'öi l'escrois, si vi le rai,
    S'öi la voiz, don mout m'esmai,
    Qui vos a comandé et dit,
240 Que vos ailliez sanz contredit
    Vostre vie an essil user.“
„Dame! je ne l'os refuser,
    Ne je ne puis ne je ne doi:
    Des fera son pleisir de moi,
245 Et je au miauz que je porrai,
    Jusqu'a l'ore que je morrai,
    Me vuel de lui servir pener.“
„Sire! Des vos doint assener“,
    Fet la rëine de bonne eire,
250 „A la soe volanté feire.
    Mes grant folie pansiiez,
    Qui sanz moi aler voliiez,
    Sanz mon los et sanz mon sëu.
    Fol panser aviiez ëu:
255 Et sachiez bien, mout m'esmervoil,
    Quant vos onques sanz mon consoil
    Amprandre osastes ne panser,
    Qu'an essil dëussiez aler.
    Mout remasisse ore esbäie,
260 Morte m'ëussiez et träie,
    Se sole m'ëussiez leissiee: [M. 50.
    Ja mes nul jor ne fusse liee.“
„Liee? Por quoi? Que vos chaussist?
    Car riens fors moi ne vos faussist.“
265 „Fors vos, biaus sire? Sanz dotance.

Trop me fust griés tes penitance,
Trop me grevast ceste partie.
Ainz iert de mon cors departie
L'ame, que je de vos departe.“
270 Seconde foiz et tierce et quarte
Li prie li rois, se li plest,
Que an essil aler l'an lest.
„Dame!“, fet il, „sofrez sanz noise,
Que par vostre congié m'an voise
275 Ne ja par vos n'an soit parlé;
Qu'einsi con l'an m'a apelé,
M'estuet aler au De pleisir.“
„Sire! ja nel vos quier teisir,“
Fet la dame qui mout fu sage,
280 „Ansanble ferons cest voiage,
Et bien est reisons, ce me sanble:
Nos avons mout ëu ansanble
Joie, richesce, enor et eise;
Duel, povreté, honte et meseise
285 Redevons ansanble andurer.   [M. 51.
Au miauz que savrai mesurer,
Vuel [o] vos partir par igal
Et joie et duel et bien et mal.“
„Ha! dame“, fet li rois, „merci!
290 Par mon los vos remandroiz ci;
Car trop estes grosse et pesanz.
Por çant mile mars de besanz
Ne voldroie, qu'an cez boschages
M'avenist de vos nus damages.
295 Pres est l'ore, par tans vandra,
Que acouchier vos covandra
Et de vostre anfant delivrer.
Cui le porriiens nos livrer,
A ques gardes, a ques norrices?
300 Vos mëisme, de ques delices
Seriiez pëue et servie?
Mout seroit corte vostre vie;
Car de meseise et de sofreite
Seroit de vos mout tost pes feite,

305 An po d'ore seriiez morte.
Mes se vostre cuers vos aporte,
Que vos n'aiiez de vos mes cure,
Ne ne dotoiz mesavanture
Ne de rien ne vos esmaiiez,
310 De vostre anfant pitié aiiez,
Don vos seroiz par tans delivre.   [M. 52.
Leissiez seviaus vostre anfant vivre;
Car se il muert a vostre tort,
Vostre iert la coupe de sa mort.
315 Et je puis feire que porrai?
Aprés vos deus de duel morrai,
Que je n'an estordroie vis.
Einsi avriiez, ce m'est vis,
Vostre anfant mort et vos et moi:
320 Par vos seriiens mort tuit troi.
Por quoi vos volez vos ocirre?
Miauz vos vient de lor et de mirre
Ançanser voz liz et voz chanbres
Et garder a eise voz manbres
325 Et l'anfant qui par tans nestra.
Fos est, qui [tel] enseigne[ra],
Qui buen consoil croire ne viaut.
C'est a buen droit, se il s'an diaut,
Qui ot consoil, s'il ne le croit.
330 Se je ne vos consoil a droit,
Ja mes ne me creez de rien."
„Sire! vos dites assez bien;
Mes j'ai an ce bonne esperance,
Que nus qui et an De fiance
335 Ne puet estre desconseilliez.
Ja ne vos desapareilliez   [M. 53.
De moi ne de ma compaignie.
Des ne vos oblïera mie,
Ainz gardera et moi et vos
340 Et l'anfant qui nestra de [n]os.
Alons nos an sëuremant
Ansanble au De comandemant,
Qui an sa garde nos reçoive."

„Dame! que qu'avenir m'an doive,

345 Quant vos ne plest a remenoir,
Sofrir m'estuet vostre voloir.
Ore an alons! Des nos avoit!"
Fenestres an la chanbre avoit,
Si s'an sont issu fors par l'une.
350 Ne luisoit pas adonc la lune,
Ainz [fu] la nuiz noire et oscure.
Fors de Bristot grant alëure,
Ou il avoient sejorné,
S'an sont vers la forest torné.
355 Li rois s'an vet, s'espee çainte,
Avuec lui la rëine ançainte,
Que nule rien nee n'an portent;
Mes de lor buens cuers se deportent,
Qu'il ont mout fins et mout antiers.
360 Ne tienent voies ne santiers
Por ce que janz qui les detaingnent,   [M. 54.
D'aucune part ne lor sorvaingnent
Ou par devant ou par derriere;
Ne tienent voie ne charriere,
365 Mes par la forest se desvoient
La, ou plus espesse la voient.
Einsi tote la nuit s'an fuient:
Se il ont mal, bien s'an deduient;
Car cui Des espire et alume,
370 Dolors li sanble soatume.
Tot ce qu'a çaus seroit amer,
Qui n'antandent a De amer,
Lor est mout buen et si lor siet,
Comant que il onques lor griet.
375 Mout lor siet maus a andurer,
Con bien qu'il lor doive durer.
   AU matin, quant les janz s'esvoillent,
      Cil de la cort mout s'esmervoillent,
Que porroit estre et que devoit,
380 Por quoi li rois ne se levoit,
Qui si soloit matin lever.
Mout pooit as plusors grever

Et mout grant pesance an ëussent,
Se la verité an sëussent.
385 N'i pansent chose qui lor griet,
Ainz atandent que il se liet,
S'ont atandu grant piece assez
Tant que li midis fu passez,
Tant atandent que mout lor grieve.
390 Quant il voient qu'il ne se lieve,   [M. 55.
A l'uis de la chanbre s'an vienent,
Ferme la truevent, coi se tienent
Une grant piece, si escotent,
Puis apelent a l'uis et botent;
395 Si ont tant feru et boté,
Quant grant piece orent escouté,
Que le pesle et les gons peçoient,
A force l'uis dedanz anvoient,
Si antrent anz a grant desroi.
400 N'i truevent rëine ne roi,
S'ont mervoille, que ce puet estre:
Overte truevent la fenestre,
Par ou il furent avalé.
Lors pansent qu'il s'an sont alé,
405 Mes einçois que parole an muevent,
Prannent quanqu'an la chanbre truevent,
Cofres, escrins, boges et males.
Totes cez chanbres et cez sales
De quanque il i truevent vuident,
410 Mes n'i a rien de quanqu'il cuident;
Rien n'i truevent, que rien n'i a.
Uns petiz anfes espia
Dessoz un lit un cor d'ivoire,
Que li rois, ce conte l'estoire,
415 Soloit toz jorz an bois porter.   [M. 56.
Li anfes por lui deporter
Le cor chiés sa mere an porta,
Qui mout longuemant le garda.
Ains puis n'i ot mestier celee:
420 Par tot est la novele alee,
Que perduz est li rois Guillaumes.

Toz an est troblez li reaumes,
Et de la rëine ansemant
A toz poise comunemant.
425 Trestuit les quierent et font querre
Et par la mer et par la terre,
Par tot fors par la, ou il sont.
Et cil totes voies s'an vont
Et vivent come sauvagine
430 De la glant et de la fäine,
De tel fruit, con porte boschages,
De poires, de pomes sauvages;
Mores manjüent et ceneles,
Botons, cornoilles et pruneles,
435 Et alies, quant il les truevent.
De l'eve, que les nues pluevent,
Por sofreite de meillor boivent;
Mes an paciance reçoivent
Tote lor meseise et lor painne.
440 Si come avanture les mainne,   [M. 57.
Ont tant de jor an jor alé,
Que vers la mer sont avalé,
Ne voie ne santier ne tindrent
Tant que fors de la forest vindrent:
445 La ont une roche trovee,
Qui estoit fandue et chevee.
Dedanz la roche se sont mis,
La nuit i ont lor ostel pris.
Herbergié sont si come il porent:
450 Ostel mout meseisié i orent
Et dur lit et froide cuisine.
Mes lassee fu la rëine:
Se s'andormi, ne fu mervoille,
Des qu'ele ot jus mise l'oroille;
455 Et quant ele se resveilla,
Ses termes vint, si traveilla,
Angoisse ot grant, De an apele
Et la gorïeuse pucele
Desor totes vierges reclaimme,
460 Toz sainz et totes saintes aimme

Et toz les dote et toz les croit,
Toz prie si come ele doit,
Qu'il prïent por sa delivrance
De, qui de tot a la puissance.
465 Mes de ce est mout esbäie   [M. 58.
Que de fame n'a point d'äie,
Dont ele grant mestier ëust,
Qui miauz d'ome eidier li sëust;
Mes tant estoient de jant loing,
470 Que nule fame a cest besoing
N'i pöist mie a tans venir,
S'an estuet le roi covenir.
Li rois par grant humilité
Et par grant deboneireté
475 Fet quanque ele li ansaingne,
Que rien a feire ne desdaingne
Ne riens nule ne li desplot,
Tant qu'un vaslet assez bel ot.
Li rois qui l'anfant ot mout chier
480 Se panse, ou le porra couchier.
Puis a treite s'espee nue,
D'une cote qu'il ot vestue,
A jus le destre pan copé,
S'i a l'anfant anvelopé
485 Et jus a la terre l'a mis.
Puis s'est il mëismes assis:
Et por ce qu'aeisier voloit
La rëine qui se doloit,
Li mist son chief sor ses genouz
490 Come piteus et frans et douz,   [M. 59.
Tant que la rëine s'andort,
Qui traveillié avoit mout fort.
Et quant ce vint au resveillier,
Si recomance a traveillier
495 Et mout duremant se rescrie:
„Glorïeuse sainte Marie!
Qui vostre fil et vostre pere
Anfantastes et fille et mere,
Regardez, glorïeuse dame!

500 De voz douz iauz la vostre fame."
Tant a la dame reclamee,
Que d'autre anfant s'est delivree.
Et li rois de tant i escote,
Que l'autre pan ra de sa cote
505 Tot jus a la terre tranchié,
S'i a l'anfant mis et couchié.
Puis se rest assis de rechief,
Sor ses genouz a mis le chief
La rëine an leu d'oreillier,
510 Qui recomance a someillier
Et dormi jusqu'a l'andemain.
Au resveillier ot si grant fain
Qu'ains nule fame n'ot greignor.
„Sire!", fet ele a son seignor,   [M. 60.
515 „S'isnelemant n'ai a mangier,
Ja me verroiz le san changier.
Tant est ma fains destroite et granz,
Que au mains un de mes anfanz
M'estuet mangier, que que m'an chiee,
520 Tant que ma fains soit estanchiee."
Li rois tot maintenant se lieve,
Cui de ceste chose mout grieve,
Et si ne set que feire puisse,
Mes que des braons de sa cuisse
525 Panse, qu'a mangier li donra
Tant que miauz feire li porra.
S'espee tint et prant sa nage:
La dame qui de fain esrage
Voit sa pitié et sa franchise,
530 Si l'an est si granz pitiez prise,
Que sa fains mout li aleja.
„Ce n'iert, ce n'iert ne or ne ja",
Fet ele; „que feire volez?
D'autre mangier me saolez;
535 Que ja, par saint Pere l'apostre,
Ma charz ne manjera la vostre."
„Ha! dame, si fera!" fet il;
„Racheter vuel la mort mon fil
Et de ma char et de mon sanc.   [M. 61.

540 Ja tant que me batent li flanc
    Et j'aie la char sor les os,
    De sëur dire le vos os,
    Ne seront mi anfant mangié,
    Se del tot n'ai le san changié.
545 Mangiez de ma char a planté,
    Que Des me redonra santé:
    Bien porrai garir de ma plaie;
    Mes de l'anfant formant m'esmaie,
    Que nul recovrier n'i avroit
550 Et Des mal gre vos an savroit,
    Quant vostre anfant mangeriiez,
    Don pechié mortel feriiez."
    „Sire!", fet ele, „or vos teisiez
    Et un petit vos acoisiez,
555 Que je, au miauz que je porrai,
    M'angoisse et ma fain soferrai,
    Et vos alez querre et prover,
    Se nule jant porroiz trover,
    Qui por De vos vuellent bien feire,
560 Si vos metez tost au repeire."
    „Volantiers, dame!", dist li rois;
    „Ja ne porrai venir einçois
    Que je vandrai, ce vos promet."
    Tantost a la voie se met   [M. 62.
565 Et prie De que il l'avoit:
    Vers la mer esgarde, si voit
    Marcheanz, qui au port estoient.
    De lor avoir qu'il an portoient,
    Charjoient une nef au port
570 A grant joie et a grant deport,
    Et ja estoit pres atornee
    La nes por feire sa jornee,
    Quant li rois est a aus venuz,
    Qui tant estoit povres et nuz,
575 Qu'il ne sanbloit fors qu'un truant.
    Por De lor prie an saluant,
    Qu'il l'escoutassent un petit
    Tant que son besoing lor et dit:

„Seignor!", fet il as marcheanz,
580 „Que Des vos face bien ccanz
Et a toz gaeignier vos doint!
Se vos de viande avez point,
Donez m'an, que Des la vos rande,
Qui d'anconbrier toz vos deffande
585 Et vos doint gaeignier a toz!"
Uns d'aus aussi con par corroz
Li dist: „Truanz, fuiiez, fuiiez!
Batuz ou an la mer ruiiez
Seroiz mout tost, s'an m'an viaut croire,   [M. 63.
590 Au paiemant de ceste foire."
„Ha!" fet uns autre, „ne vos chaut.
Leissiez cest truant, cest ribaut,
Ja ne prenez a lui estrif!
Au mal ëureus, au cheitif
595 Doit l'an doner, comant qu'il l'aient,
De ce que li prodome atraient.
Leissiez li querre et demander!
Ses mestiers est de truander
Par tot le monde et ci et la,
600 Ne ci comancié pas ne l'a
Ne ci ne le voldra leissier;
Car il ne set autre mestier."
„Ha!" fet li rois, „frans hon, merci!
Certes comancié l'ai je ci,
605 Mes ci n'iert il mie finé,
Si m'est jugié et destiné;
Feire m'estuet ma destinee.
Et neporquant tost fust finee
Ma truandise a ceste foiz,
610 Se je ne fusse plus destroiz
D'autrui meseise que del mien.
De deus anfanz, ce sachiez bien,
Est anuit ma fame acouchiee,
Don je criem mout, qu'il li meschiee;   [M. 64.
615 Qu'une si granz fains l'a atainte,
Qu'a po qu'ele ne s'est rançainte
Des anfanz, qu'ele a anfantez."

„Ha! danz truanz, come or mantez!",
Font de rechief li marcheant,
620 Qui mout estoient mescreant;
„Con vos avez or dit grant fable!
Onques an cors n'ot tel deable
Fame qui son anfant manja,
Ce ne fu onques ne n'iert ja.
625 Et neporquant menez nos i,
Mes que trop loing ne soit de ci,
Si verrons, ou li anfant gisent."
Tantost quatre d'aus an eslisent,
Et dïent tuit qu'il i iront.
630 Aprés le roi trestuit s'an vont:
Et li rois la grant alëure
Les i mainne tot a droiture
La, ou la rëine gisoit.
Li uns d'aus qui plus se prisoit,
635 A la rëine regardee:
„Ceste", fet il, „n'est pas fardee,
N'i a ne borre ne garmos.   [M. 65.
Truanz! ou la prëistes vos?
Si bele dame ou fu trovee?"
640 „Amis! por verité provee
Vos di, que je sui sez mariz."
„Ha!" fet cil, „or sui je honiz,
Quant vos ancor m'osez mantir.
Tart an vandroiz au repantir,
645 Se hui mes fors des danz vos cole.
Ele est de vos tote saole,
La dame, ne plus ne demande;
Trop a esté o vos truande,
Trop l'avez par terre menee.
650 Bien est or tes dame assenee,
Qui a tel pautonier s'atant!
Ne nos alez hui mes flatant,
Mes dites chose qui soit voire:
Certes, onques n'i ot provoire,
655 Quant a li premiers assanblastes.
Reconoissiez, ou vos l'anblastes!"

2*

„Ha! sire", fet li rois, „ne dites!
Plëust or De, que fuisse quites
Aussi de toz autres pechiez!
660 Onques voir ne fui antechiez
De nul larrecin ne retez.
Mal feites, quant le m'i metez;   [M. 66.
Mes por quoi m'an escondiroie,
Quant je ja crëuz n'an seroie!"
665 „Li vif deable vos crerroient,
La, ou si grant biauté verroient,
Qu'ele se par larrecin non
Dëust avoir tel conpaignon."
Lors lor dist mëisme la dame:
670 „Certes, seignor! je sui sa fame
De main de provoire donee."
„Mout estes ore abandonee
De mantir, si n'an avez honte.
De vos a lui neant ne monte,
675 Qu'onques voir ne vos esposa.
A mal ëur, quant il vos a
Et quant il vos a tant ëue!
Fors des mains li estes chëue;
Car ore androit an nostre nef
680 Vos an porterons mout soef,
Si seroiz gardee a grant eise,
Mes que bien poist et bien despleise
Au fol qui ça vos amena.
Des ore mes an vos rien n'a;
685 Mes li dui anfant seront suen,
Qu'a truander li seront buen.
Gart les bien, si fera que sages,   [M. 67.
Qu'il li racheteront ses gages.
Tant come il garder les porra,
690 De fain ne de soif ne morra."
Quant li rois öi lor outrage,
Ne fist mie sanblant de sage,
Que d'ire toz ses sans li mut.
A la terre s'espee jut
695 Devant ses piez, si la vost prandre.

Quant il i virent sa main tandre,
Si l'a li uns botee arriere,
Li autre le fiert an la chiere,
Et li tierz a l'espee prise.
700 Li quarz lor ansaingne et devise,
Que deus perches an couperont,
Sor quoi la dame an porteront.
Une part d'aus el bois s'anbatent,
Deus perches copent et abatent.
705 Assez tost les orent coupees
Et a reortes acoplees,
S'ont fet dessus couche et litiere
De rains foilluz et de fouchiere.
Quant il orent tot atorné,
710 A la roche sont retorné,   [M. 68.
Si ont la litiere aportee,
Sor quoi la dame an ont portee
Si con lor plot et abeli
Malgré le roi et malgré li.
715 Mout an fu li rois angoisseus,
Mes antr'aus toz estoit si seus,
Qu'il ne pooit a aus conbatre.
Et neporquant ferir et batre,
Deboter et estoutoiier
720 Se fist assez au convoiier
  Tant qu'a un d'aus pitiez an prist,
Qui prodon iere et si li dist:
„Biaus amis chiers! creez consoil:
Cinc besanz de fin or vermoil
725 Vos donrai, se vos remenez;
Qu'aprés nos por neant venez.
Prenez, amis! par ma proiiere
Et les besanz et l'aumosniere,
Que mestier vos porront avoir."
730 „Sire! n'ai soing de vostre avoir,
N'ai mestier de vostre presant:
Vostre soient vostre besant,
Que je nes prandroie a nul fuer."   [M. 69.
„Vassaus! trop estes de grant cuer

735 Ou trop soz ou trop desdeigncus,
    Qui d'avoir estcs besoigneus,
    Ne nc deigniez cinc besanz prandre.
    Ancui sera vostre ire mandre,
    Et jes leirai ci, si vandroiz,
740 Quant vos pleira, si les prandroiz."
    L'aumosniere a toz les besanz
    A gitee li marcheanz
    Au plus droit qu'il pot vers la roche
    Si qu'a un rain del bois acroche;
745 L'aumosniere remest pandant.
    Et cil ne vont plus atandant,
    Ainz ont la dame an lor nef mise.
    Li rois cui diaus et ire atise,
    Remest defors mout correciez.
750 An la nef est li maz dreciez
    Et li maronier a mont traient
    La voile, que plus n'i delaient.
    Cil s'an vont; et li rois remaint,
    Qui mout se demante et conplaint.
755 Mout se conplaint, mout se demante,
    Riens nule ne li atalante,
    Mes a la roche s'an repeire
    Et panse, que il porra feire;   [M. 70.
    Que, s'il remaint an Angleterre,
760 Tuit li baron le feront querre,
    Tant iert quis qu'il sera trovez.
    Lors s'est des batiaus apansez,
    Que il ot an la mer vëuz
    Lores, quant il i fu venuz,
765 Et pansa, qu'an l'un des batiaus
    Metra lui et ses deus jumiaus,
    S'iront flotant par haute mer
    La, ou Des les voldra mener.
    A tot l'un des anfanz s'an va,
770 L'autre lez la roche leissa.
    A la mer vint, si a trové
    Un des batiaus tot apresté.
    L'anfant i met et revet tost

L'antre querre ainz qu'il se repost.
775 Jusqu'a la roche ne s'arreste;
Mes trové i a une beste
Grant come lo, et los estoit.
A cele beste tenir voit
L'anfant an sa gole angolé:
780 Ez vos le roi mout adolé.
Quant il li vit l'anfant tenir,
Ne set qu'il puisse devenir;
Si grant duel a, ne set qu'il face.
Li los s'an fuit: li rois le chace
785 Au plus isnelemant qu'il puet;   [M. 71.
Mes por neant aprés s'esmuet,
Que il ne le porra ataindre;
Ne por ce ne se viaut refraindre,
Ainz s'esforce tant qu'il recroit
790 Et de son lo mie ne voit;
Et si recrut an tel meniere,
Qu'aler ne puet n'avant n'arriere,
Ainz l'estut delez un rochier
Par force asseoir et couchier;
795 La s'andormi, la se coucha.
Et li los qui an sa boche a
L'anfant, nel quasse ne ne blesce,
Fuiant par un chemin s'adresce,
Par ou marchcant cheminoient,
800 Tant que li marcheant le voient,
Si l'escrïent et si le huent
Et pierres et bastons li ruent
Tant que li los anmi la voie
Lor a deguerpie sa proie.
805 La proie leisse, si s'an fuit:
Li marcheant s'esleissent tuit;
Car mout desirrent a veoir,
Que li los ot leissié cheoir.
Tant corent que a l'anfant vindrent:
810 Tot maintenant que il le tindrent,
Le desvelopent et deslïent,
De ce font il grant joie et rïent,   [M. 72.

Que tot sain et tot bel le voient.
Miracle i antandent et croient:
815 Et li uns d'aus dit que suens iert:
A toz les autres prie et quiert,
Que chascuns sa part l'an otroit
Si que li anfes toz suens soit.
„Nos le vos otroions", font il.
820 „Seignor! et j'an ferai mon fil."
A tant li marcheanz l'a pris.
Au batel, ou li rois ot mis
L'autre anfant, sont venu tot droit.
Li premiers qui le trueve et voit,
825 A toz les autres quiert et prie,
Que nus n'i demant ja partie;
Que mout buen gre lor an savra.
Et dit qu'autressi chier l'avra,
S'il vit et il viaut estre preuz,
830 Con ses cosins ou ses neveuz.
Tuit li dïent: „Vostre soit dons!
Bien i est anploiiez li dons.
Trestoz quites vostre sera,
Ja nus tort ne vos an fera."
835 Ore ont li dui anfant buens peres;
Mes il nes tienent mie a freres,
Et si dïent que il ressanble,   [M. 73.
Qu'il fussent ne andui ansanble.
L I marcheant mout tost s'an tornent,
840 Au mains qu'il pueent i sejornent;
Assez tost furent atorné:
N'ont gueires iluec sejorné.
Mes d'aus vos leirai la parole:
Del roi, cui diaus et ire afole
845 Si qu'il ne se set conseillier,
Orroiz, qu'il fist au resveillier.
Au resveillier mout s'esbäi:
„Ha! Des", dist il, „con m'ont träi
Li marcheant de pute orine,
850 Qui m'ont tolue la rëine!
Los! mout me ras desconforté,

Qui mon anfant an as porté.
Ha! los, que mar fusses tu nez!
Mout ies or bien desjëunez
855 De mon anfant que mangié as!
Mout an ies or plus forz et gras!
Ha! los, pute beste häie,
Come as or feit riche anväie
D'un inoçant que tu as mort!
860 A l'autre m'an rirai au port;
Car quel enui que j'aie ëu,
Vis m'est, ancor m'est bien chëu,   [M. 74.
Se Des retrover le me leisse."
Quanqu'il puet vers la mer s'esleisse,
865 Ou trover cuide son anfant.
Par po que li cuers ne li fant,
Quant de l'anfant mie ne trueve.
Lors est sa dolors tote nueve,
Lors li anforce et croist et doble,
870 Li cuers li faut, li sans li troble;
Mes onques por sa mesestance
Ne chëi an desesperance,
Ainz aore De et gracie
Et totes ores le mercie
875 De quanque il li mesavient,
Tant qu'a la fin li ressovient
De l'aumosniere au marcheant,
Et dit qu'or li vient a talant,
Qu'il l'aille querre et qu'il la gart.
880 Maintenant s'an vet cele part:
Et quant il au prandre antandoit
Et qu'il ja la main i tandoit,
Une eigle vint par grant mervoille,
Qui l'aumosniere vit vermoille;
885 Si l'a au roi des mains ostee
Et si li dona tel colee
Des deus eles parmi la face,   [M. 75.
Qu'il chëi a danz an la place;
Et quant il se fu redreciez,
890 Dist: „A moi s'est Des correciez,

Bien l'aparçoi et bien le sai.
Grant lascheté de cuer pansai;
Que l'enor et la seignorie
D'un reaume ai por lui guerpie:
895   Or m'avoit si pechiez sospris,
Qu'avuglé m'ot et antrepris
Coveitise d'un po d'avoir;
Mort et träi me dut avoir!
Ha! coveitise desleaus!
900   Tu ies racine de toz maus,
Tu ies la doiz et la fontainne.
Mout est coveitise vilainne;
Car cui ele esprant et assaut,
Come il plus a, et plus li faut.
905   An tel tormant est coveiteus,
Qu'an abondance est sofreiteus
Tout aussi come Tantalus,
Qui an anfer suefre mal us:
Mout i use mal et andure;
910   Car la pome douce et mëure   [M. 76.
Li pant si pres, qu'au nes li toche,
Et s'a l'eve jusqu'a la boche,
S'estaint de soif et de fain muert,
Si se debat et se detuert
915   Et s'estant por la pome prandre,
N'onques tant ne se set estandre,
Que la pome a mont ne li fuie
Por ce que de lui se deduie.
Et si covoite si le fruit,
920   Qu'au nes li pant et si li fuit,
Et por ce plus granz fains li toche,
Que se l'ëust loing de la boche.
Et l'eve rest vers lui si male,
Que, s'il s'abeisse, ele s'avale;
925   Et la pome aprés le rechace
Por ce que plus d'enui li face.
An cest tormant toz dis sera,
Que fain et soif toz tans avra.
An tel tormant, an tel justise

930 Sont li plusor par coveitise,
Qui ont a muis et a sestiers
Plus qu'il ne lor seroit mestiers.
N'a pas l'avoir, qui l'anprisone,
Mes cil qui le despant et done.
935 Cil l'a et cil an doit avoir
Amis et enor et avoir."
Einsi reprant li rois et blasme
Coveitise, et sovant se pasme
Por sa fame et por ses anfanz.
940 Tant est irez, tant est dolanz,
Qu'il ne puet an nul leu ester,
Ne set, ou se puisse arester;
Car ses diaus le vet demenant   [M. 77.
Une ore arriere, l'autre avant,
945 Et quanqu'il fet, trestot li grieve:
Ore est assis, or se relieve,
Or vet au bois, or s'an revient.
Einsi tote jor se contient,
Ne la nuit pas ne se rapeise:
950 N'est place, ou reposer li pleise.
De nule part ne puet veoir:
Or viaut ester, or viaut seoir,
Or viaut aler, or viaut venir.
Ne se set an quel contenir;
955 Mes tant par avanture ala
Et sus et jus, et ça et la,
Que il trova an un prael
De marcheanz un grant tropel,
Qui sopoient sor blanches napes;
960 Table orent feite de lor chapes
Et de lor sas et de lor males.
Li rois qui fu de dolor pales,
Vint la, ou les vit amassez;
Mes il li venist miauz assez,
965 Que sor chiens se fust anbatuz,
Que bien i dut estre batuz;
Neporquant ses a saliiez.
Cil escrient: „Tüez, tüez   [M. 78.

Cest vif deable, cest larron!
970 Ja n'i et espargnié jarron,
Qu'il n'an soit batuz et roissiez.
Et braz et janbes li froissiez,
Que de nos ne se puisse estordre.
Cist est, ce cuit, mestre de l'ordre
975 Des omecides, des murtriers,
Abes an est ou celeriers.
C'est cil qui toz les autres guie,
Nostre or et nostre arjant espie.
S'a nos se pooit assanbler,
980 Tot le nos cuideroit anbler.
Or tost a lui!" Et garçon saillent:
Li rois n'a talant, qu'il le baillent,
Ainz s'an part sanz plus arester,
Quanque pié le puecnt porter,
985 Ne puis vers aus ne retorna
Jusqu'au matin qu'il ajorna.
Au matin, quant fu ajorné
Et il furent tot atorné,
Qu'il n'i ot mes que del movoir,
990 Li rois por amor De le voir
Lor chiet as piez et si lor prie,
Qu'il le metent an lor galie.
Tant lor prie qu'il li otroient: [M. 79.
Por amor De, an cui il croient,
995 L'ont dedanz lor nef receü.
Maintenant sont del port mëu,
S'ont tant par haute mer alé,
Que port ont pris a sauveté,
Si sont an Galveide venu.
1000 La a por serjant retenu
Le roi uns borjois assasez,
Qui n'estoit pas jüere as dez.
Li borjois vost son non savoir:
Cil dit qu'il l'an dira le voir;
1005 Mes il li dist covertemant.
De son non le comancemant
Li dist et la fin l'an reoingne:

„Sire!“ fet il, „il me besoingne,
Que voir vos die et je vos di:
1010 An m'apele an ma terre Gui.“
„Or me di, Gui, que sez tu feire?
Savras tu l'eve del puis treire?
Savras tu mes chevaus torchier
Et mes anguilles escorchier?
1015 Savras tu mes oisiaus larder?
Se tu sez ma meison garder
Et tu la sez bien feire nete
Et tu sez mener ma charrete,   [M. 80.
Donques desserviras tu bien
1020 Ce que je te donrai del mien.“
„Sire!“, dist Guiz, „je ne refus
Tot ce a feire et ancor plus.
Ja de feire vostre servise
Ne troveroiz an moi feintise.“
1025 An leu de garçon sert li rois
Mout volantiers chiés le borjois,
Ne ja par lui n'iert refusee
Chose, qui li soit comandee.
Tot fet sanz ire et sanz rancune:
1030 Ne refuse chose nes une,
Ja n'iert tant vils ne tant despite.
S'aucuns le leidange ou afite,
Ja por afit ne por leidanges
N'iert de lui servir plus estranges,
1035 Ainz li ancline et sel deschauce.
‚Qui s'umelie, si s'essauce‘,
Ce dit an et s'est veritez.
Mout essauce home humilitez
Et mout l'enore et mout l'alieve.
1040 L I rois par son servise eschieve
Tant qu'il est sire de l'ostel.
N'i a ne pain ne vin ne el,
Qui par son comandemant n'aille;   [M. 81.
Car li borjois ses cles li baille,
1045 Si fet del tot a son pleisir.
Mes or me revuel je teisir

Del roi, que droiz est que vos die
De la rëine et de sa vie.
Li marcheant qui l'an menerent,
1050 Jusqu'a Sorlinc ne s'arestcrent:
La pristrent port, la sont remćs,
La fu aancree lor nes,
Tant que la dame releva.
Lors mut noise et tançons leva
1055 Antre les marcheanz por li;
Car a toz plot et abeli,
Tant que chascuns la vost avoir,
Ou fust par force ou par avoir;
Mes nus d'aus ne sot reison dire,
1060 Por quoi il doie estre plus sire,
S'est antre aus la tançons montee
Tant que la chose fu contee
Devant le seignor del päis,
Qui avoit non Gleoläis.
1065 N'estoit ne rois ne dus ne cuens,
Mes chevaliers ot esté buens,
Qu'onques miaudre ne fu Rollanz;
Ore estoit si viauz et crollanz   [M. 82.
Que de lui n'estoit mes parole;
1070 Car del tot destruit et afole
Biauté d'ome et force et proesce
Anciienetez et vieillesce.
Quant Gleoläis sot l'afeire,
Antre aus ala concorde feire
1075 Si que toz igaus les an fist:
N'i ot neant ne cist ne cist.
Et por ce ne furent pas quite:
La meillor part, la plus eslite
De lor avoir an fist porter,
1080 Et la rëine an fist mener
An ses chanbres avuec sa fame.
Viauz estoit li sire et la dame,
Et la rëine fu mout bele:
Plus que cosine ne pucele
1085 La tint la dame a grant chierté

Por sa valor, por sa bonté.
Por ce que preu la vit et sage,
L'enama mout an son corage
Gleoläis et s'an cela,
1090 Si qu'onques ne l'an apela
Tant come il furent, ce me sanble,
Antre lui et sa dame ansanble.
La dame morut ainz que il: [M. 83.
Cil remest sanz fille et sanz fil;
1095 Que nul anfant n'orent ëu.
Or croit que bien li soit chëu,
Qu'a fame voldra ceste prandre,
An cui li pleisoit mout antandre,
Et lonc tans pansé i avoit
1100 Sanz ce que dit ne li avoit.
Ne li iert plus l'amors celee:
A consoil l'a sole apelee
Gleoläis et si li prie,
Qu'ele soit sa fame et s'amie;
1105 Qu'il iert ses sire et ses amis
Toz les jorz que il sera vis.
„Dame!", fet il, „jo vos otroi
Tot quitemant ma terre et moi.
Ma terre iert vostre plus que moie:
1110 Ja aprés moi n'an perdrez roie;
Car je n'ai oir aprés ma mort,
Qui vos an puisse feire tort.
Ja puis qu'ele vos iert juree
Et de ma jant assëuree,
1115 N'iert hon nez qui chalonge i mete.
Je n'ai rien que plus vos promete,
Mes, se vos plest, veez vos ci
Vostre seignor et vostre ami."   [M. 84.
L A dame vers terre s'ancline,
1120 Manbra li qu'ele fu rëine:
Or seroit fame a un baron,
Trop avroit avillié son non.
Lors pansa, que porroit respondre:
Ainz se leiroit bruller ou tondre,

1125 Que ja mes an nule meniere
Ne par force ne par proiiere
Ne por terre ne por avoir
Vueille ami ne seignor avoir,
Se le suen mëisme ne ra.
1130 Ne set, se ja mes le verra,
Qu'ele ne le croit ne ne panse;
Mes or savra po de deffanse,
Se de cestui ne se deffant.
„Biaus sire!", fet ele, „ore antaut:
1135 Que Des tes proiieres antande
Et guerredon del bien te rande,
Que tu m'as fet an ta meison!
Ore esgarde droit et reison,
D'une garce, d'une vilainne,
1140 Se an doiz feire chastelainne.
Tu ies sires et chastelains,
Et mes pere fu uns vilains,   [M. 85.
Et je sui tant fole et cheitive,
Que pechiez est que je sui vive;
1145 De ma vie n'est preuz ne joies.
Et se toi plest, le voir an oies,
Mes que ce soit chose celee.
Sire! je sui none velee,
Puis issi fors de m'abëie,
1150 Si menai mout desleal vie:
Par terre fis ma destinee
Set anz con garce abandonee,
Que nus n'an aloit refusez.
Mes, por De, ne m'an ancusez,
1155 Se ma confesse vos ai dite.
Garce sui, ne sai si despite,
Ne doi avoir si haut seignor.
Et si a ancore greignor
Achoison, se l'osasse dire;
1160 Mes ceste vos doit bien sofire."
„Amie! donc vos an teisiez,
Et sachiez que tant me pleisiez
Que por biauté que por savoir,

Que je vos vuel a fame avoir.
1165 Ja por chose, que feite aiiez
Jusque ci, ne vos esmaiiez;
Que je resui mout antechiez
Et de folie et de pechiez:　　　　　[M. 86.
Mout ai fet de ma volanté.
1170 Por pechié ne por paranté
Ne leirai, que je ne vos praingne.
Ne savez vos, que la chastaingne
Douce et pleisanz ist de la broisse
Aspre et poignant de grant angoisse?
1175 Je ne sai, qui fu vostre pere;
Mes s'il fust rois ou anperere,
Ne porriiez vos plus valoir.
L'an ne puet pas conoistre a l'oir
Mainte foiz, que li pere fu.
1180 Maint mauvés sont de buens issu,
Maint de mauvés, qu'estoient buen.
Douce amie! voi ci le tuen,
Et tu soies ma douce suer.
Je sui toz tuens de si buen cuer,
1185 Qu'il ne me chaut de ce d'arriere.
Ja por ce ne t'avrai mains chiere;
Que enor a, qui se chastie
De mauvestié et de folie,
Et cil i doit avoir grant honte,
1190 Qui ne se chastie ne donte.
Chastiiee t'ies et dontee:
Et or t'a Des si haut montee,
Qu'il viaut que tu soies m'espose.“
Des lermes de ses iauz arose　　　　[M. 87.
1195 La rëine tote sa face,
Ne set que die ne que face;
Mes s'or ne le puet angignier,
Apartenir ne relignier
Ne doit a meniere de fame.
1200 Bel li fu, que ele fust dame
De la terre, que qu'avenist,
Einsi qu'aprés lui la tenist;

Que ja estoit chenuz et viauz.
De l'autre part revoldroit miauz
1205 Estre arse ou a chevaus detreite,
Que de son cors li ëust feite
Charnelmant nule conpaignie.
L'un viaut et l'autre ne viaut mie,
La terre viaut, de lui n'a cure;
1210 Et neporquant si l'assëure,
Mes que un an respit li doingne,
(Tant come ele puet le porloingne),
Et dedanz l'an assëurer
Li face sa terre et jurer;
1215 Et dist, por ce qu'ainz li otroit
Cil qui tant l'aimme que il croit,
Quanqu'ele li fet antandant:
„Biaus douz sire! por ce demant   [M. 88.
Jusqu'a un an terme et respit,
1220 Que comandé me fu et dit
La, ou je ving a repantance,
Que trois anz fusse an penitance,
Et an tel penitance fusse,
Que devant trois anz ne gëusse
1225 Por nule avanture a nul home.
Sire! l'apostoiles de Rome
Tel penitance m'an charja.
Ne tocheroiz a ma char ja,
Ainz iert toz trespassez cist anz,
1230 Si vos an amerai dis tanz.
Deus anz me sui einsi tenue,
Dedanz le tierz sui ja venue.
Tant que li tierz anz soit passez,
Me poez vos atandre assez.
1235 Neporquant a ma volanté,
Se Des ne m'an sëust mal gre
Et m'ame n'an fust anconbree,
M'ëussiez vos ja esposee.
Mes je sui fole, qui vos croi:
1240 Vos vos gabez, ce cuit, de moi.
Gabez me vos? Nel me celez!

Ja a gas ne m'an apelez.
Vos ne feriiez pas que ber   [M. 89.
D'une fole garce gaber,
1245 Ainz vos an porroit maus venir,
Que que de moi doive avenir."
„Ha!" fet il, „bele douce amie,
Por De, ne vos despisiez mie,
Ne ce ne recuidiez vos pas,
1250 Que rien vos aie dite a gas.
Si est a certes li afeires
Que bien savroiz jusqu'a ne gueires,
Se je vos ai gabee ou non."
„Sire! donc m'otroiiez le don
1255 Del respit, que je vos demant;
Car ne porroit estre autremant."
Cil respont: „Et je le vos doing,
Mes bien sachiez que je n'ai soing
De respitier le mariage."
1260 Cele respont, qui mout fu sage:
„Biaus sire! soit, puis qu'il vos siet,
Mes que del sorplus ne vos griet."
Tot maintenant sanz respit querre
Mande cil par tote sa terre,
1265 Que fame a juree et plevie,
Si viaut qu'enoree et servie
Soit de toz; et qui ne sera
A ses noces que il fera,
Qui preudon ne chevaliers soit,
1270 Semondre le fera de droit.   [M. 90.
Tot maintenant a cort assanblent
Tes janz qui pas ne s'antressanblent,
Chevalier, serjant, jogleor,
Et fauconier et veneor,
1275 Janz d'ordre, chanoine demainne;
Devant toz Graciiene amainne
Cil, qui esposer la devoit.
Nus ne l'esgarde ne ne voit,
Qui ne die: „N'est mie sote
1280 Ceste, mes mes sire redote.

3*

Ceste, s'onques fame conui,
Prant la terre, ne mie lui,
Et il prant li trestote sole;
Qu'ele a plainne et blanche la gole,
1285 Le vis cler et la color fresche,
Qui le cuer mon seignor enesche.
Si l'a espris et atisié,
Que bien l'a a son oés peschié;
Mes mes sire a mal oiselé.
1290 Qui li a tel consoil doné,
Que il praingne ceste cheitive?
Ele devandra mout jolive
Et mout noble et mout despisanz;
Qu'ele n'a pas vint et cinc anz.
1295 Or voldra feire toz ses buens,   [M. 91.
Et mes sire avra po des suens.
Ja mon seignor, ce sai je bien,
Ne prisera vaillant un chien.
Cui chaut? Bien est, puis qu'il li siet;
1300 Qu'il est ja morz la, ou il siet;
Que je ne cuit, tant est il viauz,
Que il voie un an de ses iauz.“
Einsi li un antr'aus parolent,
Li autre dancent et carolent,
1305 S'est la joie el palés mëue.
Et cil a prise et recëue
Sa fame de main d'un abé.
Assez i ot ris et gabé:
Tot par gabois et par risees
1310 Furent les choses devisees.
El palés avoit joie mout:
Tote la corz fremist et bout
De fläutes et de fresteles.
Chevalier, dames et puceles
1315 Tote nuit dancent et anvoisent;
Mes sachiez, que ne s'antradoisent
La nuit la dame ne li sire;
N'onques, a la verité dire,
Li uns a l'autre n'adesa:

1320 Celi plot et celui pesa.
      Mes ainz que les janz departissent,
      Vost cil que feauté fëissent   [M. 92.
      A la dame. Et il tuit si firent,
      Puis que sa volanté i virent.
1325 Tuit ont feite sa feauté
      Et jurerent que leauté
      Tote sa vie li feront
      Et, se li plest, mout l'ameront.
      Ele le vost, si s'an pena;
1330 Si sagemant se demena
      Et si doucemant se contint,
      Que a toz amer la covint.
      Par sa douçor, par sa franchise
      A si l'amor de toz conquise,
1335 Qu'a feire chose qui li pleise,
      Crient chascuns, qu'an leu et an eise
      Ne puissent ja venir a tans
      Tuit cil, qui miauz sont an espans
      De li servir et enorer.
1340 Mes or ne vuel plus demorer
      An cez paroles, ou je sui.
      CONTÉ vos ai si con je dui
      De la rëine a ceste foiz;
      Des deus anfanz est or bien droiz,
1345 Que vos sachiez, que il devindrent.
      Droit a Quathenasse port prindrent
      Li marcheant qui les norrirent,   [M. 93.
      La au mostier porter les firent,
      Si furent crestiien novel.
1350 L'un firent apeler Lovel:
      Lovel por le lo l'apelerent,
      Que anmi le chemin troverent,
      Qui l'an portoit parmi les rains;
      Einsi fu li los ses parrains.
1355 L'autre firent Marin clamer
      Por ce, qu'il fu trovez sor mer.
      Quant li anfant batisié furent,
      Tant amanderent et tant crurent,

Quant ce vint au chief de dis anz,
1360 N'ot el monde plus biaus anfanz,
Plus cortois ne plus afeitiez;
Qu'apris les ot et anseigniez
Bone Nature, qui tant vaut,
Que por norreture ne faut.
1365 Nature est tes qu'onques ne fausse,
Toz jorz porte avuec li sa sausse;
Mes l'une est troble et l'autre clere,
Et l'une est douce et l'autre amere,
L'une viez et l'autre novele;
1370 An l'une a girofle et canele
Et cardamome et noiz muscates,
S'est de jus de pomes grenates   [M. 94.
Avuec le basme destanpree:
Et l'autre est si mal atanpree,
1375 Qu'il n'i a ne çucre ne miel;
D'escamonie est et de fiel,
Et de venin et de tossique.
Par nule reison de fisique
Ne puet garir ne repasser,
1380 Cui Nature le fet user.
Tes com[e] Nature est an l'ome,
Tes est li hon, ce est la some.
Nature a d'ome si grant fes,
Qu'ele le fet buen ou mauvés.
1385 Se Nature pöist changier,
Li anfant qui sont el dangier
As deus vilains, qui les norrissent
(Tot an vilenie porrissent),
Vilain fussent, se norreture
1390 Pöist contrebatre nature.
Mes Nature de buene orine
Les aprant si fort et doctrine,
Qu'il ne daingnent mauvestié feire.
Ne pueent as vilains retreire
1395 Por norreture que il aient.
A lor jantillesce retraient,
Si s'afeitent par aus mëimes.   [M. 95.

Par Nature ont totes les limes,
Dont il se liment et escurent.
1400 Onques de mauvestié ne burent,
Qui an lor cuers pöist germer
Ne reprandre n'anraciner;
Que mout tost l'an orent tranchiee
Et estrepee et arachiee.
1405 Mes de ce mout bien lor chäi,
Qu'an un visné furent norri,
Si s'antreconurent d'anfance;
Mes n'i ot autre conoissance.
Ne cuident pas qu'il soient frere:
1410 Por voir cuidoient, que lor pere
Fussent cil, qui les norrissoient;
Que de rien nule ne cuidoient
Li uns vers l'autre apartenir;
Mes mout lor pleisoit a tenir
1415 Trestoz jorz conpaignie ansanble,
Si disoit l'an: „Don ne ressanble
Icist anfes celui de la?
Esgardez, ques chevos cist a!
Et cil les a toz autretés
1420 Et autés iauz et autel nes,
Autel boche et autel manton!
Il sont andui d'une façon.   ⌊M. 96.
Et lor parole est si tote une,
Que ja tant n'an orroiz chascune,
1425 Mes que les anfanz ne veoiz,
Que vos ne cuidiez et creoiz,
Qu'il n'et parlé que li uns seus,
Qui öiz les avroit andeus.
Et de si grant amor s'antraimmont,
1430 Par po frere ne s'antreclaimment.
Des deus anfanz est il mervoille,
Que li uns a l'autre consoille
Et des autres anfanz n'ont cure:
Espoir il lor vient de nature;
1435 Et je cuit bien qu'il les desdaingnent,
Qu'avuec aus nul n'an aconpaingnent.

Honie soit tote ma gorge,
S'il onques furent de la forge
Dan Goncelin ne dan Fouchier!
1440 Et s'a chascuns le suen mout chier:
Mout les ont chiers et si ont droit,
Que mout sont bel et mout adroit.
Bien sanblent jumel, si sont il,
Et qu'il soient franc et jantil."
1445 Einsi des deus anfanz devinent
Li plusor, qui bien lor destinent,
Et dïent: „Por voir cist anfant   [M. 97.
Ne ressanblent ne tant ne quant
Dan Fouchier ne dan Goncelin
1450 Ne que levriers sanble mastin."
Mes que que l'an aille disant,
Li marcheant vont devisant,
Quel mestier lor feront aprandre.
Miauz savront acheter et vandre,
1455 Se il sevent aucun mestier.
Danz Goncelins a peletier
Viaut Lovel metre et si li dit,
Mes cil formant s'an escondit
Et jure que ja n'i ira,
1460 Se Marins ses conpainz n'i va.
Et d'iceste mëisme chose
Retance danz Fouchiers et chose
Marin, qui por rien qui avaingne
Dit, que ja n'ira an escraingne,
1465 Se Loviaus ne vet avuec lui.
Einsi li anfant anbedui
Se deffandent, et li vilain,
Qui mout se travaillent an vain,
A terre anbedeus les abatent
1470 Et des poinz et des piez les batent
Chascuns le suen a son ostel.
Ains li anfant ne furent tel,   [M. 98.
Que breire osassent ne crïer.
L'an ne se doit mie fïer
1475 An vilain, puis que il s'aorse,

Ne plus que an ors ou an orse:
Vilains iriez est vis maufez.
Tant s'est danz Fouchiers eschaufez
Sor Marin, qui vers lui s'orgueille
1480 Ne ne viaut rien feire qu'il vueille,
Qu'il l'apela garçon frarin,
Et dist, qu'an l'apela Marin
Por ce qu'une garce remese
El viez pan d'une cote esrese
1485 L'ot mis sor mer droit a l'issue
D'une forest de Gernemue,
Si fu an un batel trovez.
Or s'est li vilains esprovez,
Ore a sa nature provee,
1490 Ore avez la sausse trovee,
Qui est feite d'escamonie.
Langue de vilain soit honie,
Honiz soit ses cuers et sa boche!
Quant Marins öi le reproche,
1495 Grant honte an ot et grant angoisse.
Et li vilains le bat et roisse
Come fel et de put afeire,   [M. 99.
Et par enui et par contreire
Cort a sa huche, si a pris
1500 Le pan, que il i avoit mis,
Si l'aporte, puis si li rant.
Marins mout volantiers le prant,
Si l'a soz sa chape boté
Estroitemant anvelopé;
1505 Car afublee avoit sa chape.
Tantost con des mains li eschape,
S'an vet par le mestre huis fuiant,
Ses iauz et sa face essuiant
Des lermes, que plorees ot.
1510 Mes de Lovel neant ne sot,
Son buen ami, son conpaignon,
Que batu ot come un guaignon
Danz Goncelins et träiné
Et mout vilmant l'ot ranposné

1515 Del pis, que dire li savoit,
     Si come au lo tolu l'avoit
     Et si come il estoit liiez
     En un pan d'une cote viez.
     Li vilains tot li reprocha
1520 Come cil qui male boche a,
     Et dit et fet au pis qu'il puet,
     Si con de nature li muet.   [M. 100.
     Et neporquant de tant bien fist,
     Sanz ce que garde ne s'an prist
1525 N'a bien feire n'i atandi,
     Que a l'anfant le pan randi,
     Ou anvelopé le trova.
     Einsi bien et mal se prova:
     Mal fist selonc s'antancion,
1530 Qu'il n'i atandi se mal non,
     Et bien por ce qu'a l'anfant plot;
     Einsi fist bien et si nel sot.
     Et Loviaus, qui si fort ploroit,
     Que trestoz ses mantons estoit
1535 Des lermes de ses iauz moilliez,
     S'est devant lui agenoilliez,
     Si li dist an plorant: „Biaus sire!
     Norri m'avez, Des le vos mire,
     Mout doucemant an jusque ci,
1540 Si vos pri, la vostre merci,
     Quant il estuet que je m'an aille,
     Que vos a ceste dessevraille
     Me doigniez congié sanz corroz;
     Car certes je sui vostre toz,
1545 Sui et serai et sel doi estre.
     L'an ne doit pas häir son mestre
     Ne despire ne desdeignier,   [M. 101.
     S'il le bat por lui anseignier;
     Et mauveise nature prueve
1550 Li hon, qui an autre bien trueve,
     Qui mainte foiz li a bien fet,
     Se il le pert por un mesfet.
     Vos qui m'avez tant fet de bien,

De ce ne me deviiez rien,
1555 S'il ne vos venist de franchise;
S'avez an moi tel painne mise
Que vos, si con je sai or primes,
M'avez randu a moi mëimes.
Don n'ai je la vie par vos,
1560 Que tolue m'ëust li los,
Quant vos me tolistes a lui?
Ce que je vif et que je sui,
Sui je par vos, tres bien l'otroi.
Plus que nus avez fet por moi,
1565 Quant m'ostastes de tel peril.
Nel pöist feire por son fil
Nus pere, tant li fust verés;
Si me poise, quant je vos les.
Mes bien sachiez que tote voie
1570 Serai je vostre, ou que je soie;
Car plus doit l'an celui amer,
Sor cui l'an ne puet rien clamer,   [M. 102.
Que celui, sor cui an a droit;
Car cil sert plus, qui rien ne doit.
1575 Et quant de vos departirai,
Ja mes nul tel ne troverai."
Quant li vilains ot et antant,
Que li anfes si doucemant
Conoist les biens qu'il li a fez,
1580 Si li dist: „Or soiiez an pez,
Biaus fiz! que je vos ai manti.
Mes maintenant m'an repanti,
Que j'oi cele parole dite.
Mes bien m'an devez clamer quite
1585 Por ce que j'estoie äiriez.
Vos nen estes point anpiriez
De chose que dite vos aie;
Que ‚cos de langue ne fet plaie‘.
Soiiez an pez, si remenez
1590 Antor moi, et si aprenez
A gaeignier si con je fis.
Qui riches est, mout trueve amis,

Et mout est vils, qui neant n'a;
Ja nus ne li apartandra,
1595 Nus ne l'aimme ne ne le prise.
Se tu ves an autrui servise
Et tu ies povres, trestuit cil
Qui te verront, te tandront vil;
Que povre sage, hui est li jorz,   [M. 103.
1600 Tient an por fol an totes corz,
Et riche fol tient an a sage;
Einsi l'ont mes tuit an usage.
Por ce te lo je et comant,
Qu'onques ne te chaille, comant
1605 Tu puisses avoir assanbler,
Se tu viaus sage ressanbler
Et an cest siecle enor avoir.
Or me croi, si feras savoir."
De tot ce n'a li anfes cure:
1610 N'a soing de prester a usure,
Que sa nature li chalonge.
„Sire!" fet il, „or soit mançonge
Ou veritez ce que vos dites:
Droiz est que vos an soiiez quites,
1615 Ja mal gre ne vos an savrai;
Mes je sai bien: ou je avrai
Congié de vos sanz plus atandre,
Ou je irai sanz congié prandre.
An larrecin et an anblee
1620 M'an irai une matinee,
Se vos congié ne me donez."
„Biaus douz fiz! donc vos remenez
Anuit mes jusqu'a le matin."
„N'ai que feire de relatin:
1625 De ceste proiiere n'ai soing.
Ancore iroie ancui mout loing,   [M. 104.
Se j'estoie de ci tornez."
„N'ies pas ancor bien atornez
N'apareilliez a mon talant."
1630 „Vos alez de neant parlant,
Qu'il ne me faut riens, que je sache."

„Si fet; unes hueses de vache
Te donrai je, mes mout m'enuie,
Et esperons et chape a pluie,
1635 Un roncin et un palefroi;
Lors avrai plus perdu an toi."
„Ha! sire, Des vos an deffande
Et me doint pooir, que je rande
Le guerredon ainz que je muire."
1640 Cil li done une chape buire
Et hueses et esperons viez,
Don li anfes se fist mout liez;
Puis li fist deus roncins ferranz
Portanz soef et bien erranz
1645 Anseler et metre les frains.
Un garçon qui ot non Rodains,
Li a baillié a escuiier.
Ce ne li dut pas enuiier:
Et non fist il, einçois li plot.
1650 Loviaus arc et saietes ot,
Si comande a prandre au garçon
Ses saietes et son arçon: [M. 105.
Cil prant les saietes et l'arc.
Deniers jusqu'a vaillant un marc
1655 Lor a danz Goncelins prestez
Et si lor dist: „Ja n'arestez
An leu, sel vos lo et ansaing,
Se n'i veez vostre gaaing,
Mes a moi vos an retornez."
1660 Ore est Loviaus bien atornez,
Si prant congié et si s'an torne;
Mes mout a grant enui li torne,
Quant au partir Marin ne voit.
An la vile cuide qu'il soit
1665 Si con Marins cuide de lui.
Une chose cuident andui,
Un cuidier anbedui avoient;
Mes l'avanture ne savoient,
Qui aus deus estoit avenue.
1670 Une voie ont andui tenue:

Et Loviaus qui iere a cheval,
A tant erré parmi un val,
Que Marin a avant vëu.
Por ce ne l'a pas conëu,
1675 Que de lui garde ne se done;
Neporquant broche et esperone
Le cheval contreval la coste   [M. 106.
Si qu'il li fet parmi la coste
Le sanc saillir por miauz aler.
1680 Marins voit Lovel avaler
Et Rodain qui venoit aprés,
Que quanqu'il puet le siut de pres,
Si se mervoille, ques janz sont,
Et por ce que si poignant vont,
1685 Crient que por lui mal feire vaingnent,
Ou por ce que il le retaingnent,
Qu'arriers l'an vossissent mener,
Si panse qu'or l'estuet pener
De föir tant come il porra
1690 Jusqu'a tant qu'a recet vandra;
Qu'une forest devant lui voit.
S'einçois d'aus venir i pooit,
A toz jorz mes perdu l'avroient,
Ja mes noveles n'an orroient;
1695 Qu'il est si petiz et menuz,
Se au buisson estoit venuz,
Si bien dedanz se muceroit
Que ja mes trovez ne seroit.
Einsi Marins qui ne s'an garde,
1700 Viaut son mal feire, si li tarde
Qu'an la forest se fust tapiz.
S'il ënst anblez les tapiz,   [M. 107.
Ne pöist il föir plus tost,
U se il vëist le provost
1705 Venir, qui prandre le vossist;
Mes Loviaus sor tel roncin sist,
Qui an po d'ore l'ot ataint.
Marins le voit, tot an a taint
Le vis de honte; car il dote,

1710   Qu'il sache s'avanture tote,
       Por quoi il s'an estoit föiz.
       Et Lovians s'est toz resjöiz,
       Quant il voit que c'est ses conpainz.
       De tost desçandre ne s'est fainz,
1715   Ainz saut a terre et si le beise
       Et dist: „Conpainz! a grant meseise
       An aloie ore androit ma voie,
       Quant devant moi ne vos savoie;
       Car je cuidoie, par saint Pere,
1720   Que vos fussiez chiés vostre pere.
       Or me dites, biaus amis chiers!
       Vostre pere, sire Fouchiers,
       En n'est il a vos correciez?"
       Lors a Marins les iauz dreciez,
1725   Que vers terre clinez avoit,
       Quant il öi qu'il ne savoit
       De s'avanture nule chose.   [M. 108.
       Tot le voir dire ne l'an ose
       Por ce qu'il i crient avoir honte,
1730   Et neporquant trestot li conte,
       Comant il l'an avoit chacié
       De sa meison, et menacié
       Andeus les iauz del chief a treire
       Et s'an voloit peletier feire.
1735   „Peletier? Que ja Des n'an rie!
       Ci a male peleterie!
       Par cele foi que je vos doi,
       Autel voloit feire de moi
       Mes pere, sire Goncelins;
1740   Ne sai, putois ou sebelins
       Me voloit feire conreer.
       Por ce que je l'osai veer,
       M'a si batu que toz m'an duel.
       Et neporquant, si con je vuel,
1745   M'an sui par son congié tornez
       Si vestuz et si atornez;
       Et se avuec moi vos eusse
       Ou se devant moi vos seusse,

Nule chose ne me faussist.“

1750 „Certes, ne moi ne rien chaussist
Del corroz mon pere granmant,
Se je de vos tant solemant   [M. 109.
Cuidasse conpaignie avoir.
Mes or nos feroit buen savoir,

1755 Quel part nos devrons cheminer.“
„Amis! je nel sai deviner,
Se avanture ne nos mainne.
Nos avons a ceste semainne
A despandre deniers assez.

1760 Ja ne verrons huit jorz passez,
Que avanture nos vandra
De seignor qui nos retandra;
Qu'a ce ne poons nos faillir.“
A tant voient un dain saillir

1765 Juene et petit fors d'une haie:
Marins dist Lovel, que il traie.
„Si ferai je“, dist il, „sanz faille.“
Rodains, ses escuiiers, li baille
Une saiete et l'arc tandu.

1770 Li dains a le cop atandu,
Qui pasturoit an une avainne.
Loviaus droit an la mestre vainne
Del cuer le fiert, et li dains bret:
Marins del cop grant joie fet.

1775 Li dains chiet morz sanz pasmeison:
Li anfant vers lor veneison
Vont si corant que tot s'espossent,   [M. 110.
Sor un de lor roncins le trossent,
Puis sont a grant joie monté

1780 Et font Rodain tant de bonté,
Que li uns derrier lui le porte.
Loviaus a son arc se deporte
Par le bois sovant et menu,
S'ont tant alé, qu'il sont venu

1785 Au ru d'une bele fontainne,
Qui mout estoit et clere et sainne;
Et li bois iere antor mout biaus,

Et l'erbe verte, et li ruissiaus
Coroit toz par fine gravele,
1790 Qui plus estoit luisanz et bele,
Que n'est fins arjanz esmerez.
Une loge voient delez,
Qui estoit feite de novel.
La autre Marin et Lovel
1795 Sont aresté et desçandu.
An la loge voient pandu
Un moienel a une perche.
Marins quiert par tot et reverche,
Mes n'i trova nule autre chose.
1800 La loge estoit de rains bien close
Et bien coverte por la pluie.
As deus anfanz mie n'enuie   [M. 111.
Ne la fontainne ne la loge.
Li uns des anfanz dist: „Or lo je,
1805 Que nos preigniens ci nostre ostel.
Rodains et pain et vin et sel
Nos aut a une vile querre,
Qui set le päis et la terre."
„J'irai", fet il, „mout volantiers.
1810 Ci est la voie et li santiers,
Qui vet droit a une abëie,
Ou j'avrai secors et äie
De pain et de sel et de vin,
Si con je le pans et devin."
1815 „Va! Des te doint bien deviner!"
Cil s'an vet, qui ne quiert finer
Tant qu'a la porte as moines vient.
De tot quanque il li covient
A demandé, et l'an li charge:
1820 Mout trova le clacelier large,
Que rien veee ne li a.
Ne Rodains rien n'i oblia:
Del vin an porte plainne buire,
Et feu por la veneison cuire
1825 Et pain et sel son giron plain.
Ja orent escorchié le dain

Li anfant et fet lor lardez,   [M. 112.
Quant li uns d'aus s'est regardez,
Si voit venir celui corant,
1830 Qui n'aloit mie demorant.
De si loing que venir le voient,
Contre lui corant se desroient,
Si li escrïent ‚bienveignant‘;
Ne ne vont mie desdeignant
1835 A destrosser ne a reçoivre
Le vin, qu'il lor aporte a boivre,
Le pain et le sel et le feu.
Tuit troi furent serjant et queu
De lor veneison atorner.
1840 Mout lor plëust a sejorner
An la forest, se lor lëust;
Mes ainz que li mangiers cuiz fust,
Vint a la loge uns forestiers,
Cui la baillie et li mestiers
1845 De la forest garder estoit.
Treire ne berser n'i osoit
Nus, tant fust riches ne poissanz,
Ne estranges ne conoissanz.
Quant çaus dedanz la loge trueve,
1850 Qu'il avoit feite tote nueve,
Mout fu dolanz et correciez.
Contre lui s'est Loviaus dreciez
Et Marins, si l'ont salüé: [M. 113.
Chaut le virent et tressüé
1855 D'ire et de mautalant qu'il ot.
A lor salut ne respont mot,
Ainz lor dist: „Pris estes et mort!
Arivé estes a mal port;
Que par cest De, an cui je croi,
1860 Je vos manrai devant le roi,
Si vos fera pandre ou desfeire,
Les poinz couper et les iauz treire
Por son dain que vos avez pris.“
Loviaus li respont: „Biaus amis!
1865 De ce nos puet bien Des deffandre.

Chose, don l'an nos doie pandre,
N'avons nos mie fet, ce cuit.
Donez nos triues mes anuit,
Et demain lués que jorz sera,
1870 Irons nos la, ou vos pleira.
Por pez et por triues avoir
Vos donrons nos tot nostre avoir:
Vaillant un marc d'arjant avons,
Se vos plest, si le vos donrons.
1875 Or le prenez, vostre merci;
Que n'avons plus n'aillors ne ci.
Se vos pöissiens plus doner,
Ja n'an öissiez sermoner."
Cil respont: „La triue vos doing;   [M. 114.
1880 Mes l'arjant me metez el poing:
Lors iert bien la triue fermee."
Rodains ot la borse fermee,
Si la trest fors et deslia,
Toz les deniers bailliez li a;
1885 Et cil mout volantiers les baille,
Qui de coveitise baaille.
Puis lor a dit: „Je vos otroi:
N'avroiz hui mes garde de moi."
Or sont a sëur li anfant:
1890 Tote nuit firent joie grant
Et mangierent assez et burent,
Sor lor paniaus a terre jurent;
Que estrain ne fuerre n'i ot.
Plus tost que li forestiers pot
1895 Le jor veoir, les esveilla;
Et Rodains lor apareilla
Les chevaus et monter les fist.
Tantost a la voie se mist
Li forestiers, qui la savoit,
1900 Que sovant alee l'avoit;
S'ont tant lor droit chemin tenu,
Que de haut vespre sont venu
Devant le roi de Quathenasse.   [M. 115.
Tuit droi le salüent a masse,

4*

1905 Et li forestiers li conut
     Le voir, que dire li estut:
     „Sire!“, fet il, „ier traverserent
     Par vostre forest et berserent
     Un des dains de vostre forest
1910 Cist anfant, don je vos revest;
     Por ce les vos ai amenez:
     Se vos plest, justise an prenez;
     Mes l'an ne doit an nule guise
     De tes anfanz feire justise,
1915 Et bien sachiez, ja nes prëisse,
     Se vers vos ne me mesfëisse
     Et de foi et de seiremant;
     Por ce les pris tant solemant,
     Mes de mon seiremant m'aquit.“
1920 Li rois respont: „Assez as dit
     Et bien as fet ce que tu doiz.
     Les anfanz voi biaus et adroiz,
     Ses vuel a ma cort retenir.
     Granz biens lor an porra venir,
1925 S'il sont ne sage ne cortois.“
     Loviaus respont: „Biaus sire rois!
     Autre chose querant n'alomes.
     Vostre merci, mout lié an somes,   [M. 116.
     Quant vos nos avez retenuz.“
1930 „Anfes!“ dist il, „bien ies venuz
     Et tu et tes frere avuec toi.
     Frere estes vos, si con je croi.“
     Loviaus respont: „Par De, biaus sire!
     Je nel di pas por vos desdire,
1935 S'an trai lui mëisme a garant:
     Ne somes frere ne parant.“
     „Tes!“ fet li rois, „ce ne puet estre.
     Ains dui anfant ne porent nestre
     Si sanblable de totes choses.
1940 Frere estes, mes dire ne l'oses.
     Cui chaut? Or soiiez frere ou non,
     Di moi, comant vos avez non.“
     „Sire, ja nel vos quier celer:

Lovel me faz je apeler.
1945 Mon conpaignon que je mout aim,
Par son droit non Marin le claim."
Li rois rien plus ne lor demande,
Mes a un suen serjant comande,
Que des anfanz garde se praingne,
1950 De chiens et d'oisiaus lor apraingne,
Ses maint an bois et an riviere.
Et cil trestote la meniere
De chiens et d'oisiaus lor aprist.   [M. 117.
Li rois an tel chierté les prist
1955 Por ce que preuz les vit et sages,
Qu'il avoient a sa cort gages
Si richemant come aus pleisoit:
Chevaus et robes lor feisoit
Soignier tant come il an voloient,
1960 Et avuec lui an bois aloient,
Et tant lor plest a converser
An bois por treire et por berser,
Que ja partir ne s'an queroient.
Les cers et les biches guerroient
1965 Et les autres bestes del bois.

DES anfanz au roi m'an revois,
    Que chiés le borjois vos leissai.
Des anfanz tant conté vos ai
Que plus conter ne vos an doi,
1970 Si vos reconterai del roi.
Li borjois l'a si esprové,
Que leal home l'a trové,
S'a si an garde sa meison,
Qu'il ne rant conte ne reison
1975 De rien nule, qu'an i despande.
Ja ne quiert conte, qu'an li rande,
Li borjois, qui tant le creoit
Por ce que leal le veoit;   [M. 118.
Mes un jor a consoil le trest,
1980 Et si li dist: „Gni! se toi plest,
Je te presterai volantiers
Trois çanz livres de mes deniers,

Si va gaeignier et aquerre
An Flandres ou an Angleterre,

1985 Ou an Provance ou an Gascoingne.
Se tu sez feire ta besoingne
A Bar, a Provins ou a Troies,
Ne puet estre, riches ne soies;
Que je n'i quier ja part avoir,

1990 Mes que je raie mon avoir,
Et tuens soit trestoz li gaainz.
De povreté est granz mehainz,
Et tu an ies mout meheigniez.
Se tu avoies gaeigniez

1995 Vaillant cinc çanz mars de conquest,
N'an prandroie je rien d'aquest."
Li rois respont: „Vostre merci!
Mien vuel les avroie ja ci
Toz les deniers apareilliez.

2000 Des que vos le me conseilliez,
Vostre consoil doi je bien croire.
Ja ne perdrai marchié ne foire   [M. 119.
La ou je puisse mes oan.
Je me conois an cordoan

2005 Et en alun et an bresil,
Et nes an gorges de vorpil
Gaeignerai oan assez."
Li borjois ot ja amassez
Toz les deniers, si li bailla;

2010 Et cil tantost s'apareilla
D'aler as marchiez et as foires.
An piaus de chaz grises et noires,
An conins et an violetes,
An escuriaus et an brunetes

2015 A toz ses deniers anploiiez,
Si cercha foires et marchiez,
Tant qu'assez plus i conquesta,
Que li borjois ne li presta;
Qu'avantureus et bien cheanz

2020 Fu sor toz autres marcheanz.
Quant li rois des foires revint,

A grant mervoille au borjois vint,
Comant il ot tant conquesté,
Et si n'avoit gueires esté;
2025 Si l'an a mout plus chier tenu
Por ce qu'il li est avenu
Si bien de sa marcheandise.
Assez l'an aimme plus et prise
Et plus l'enore, qu'il ne siaut,
2030 Et si li dist, que il le viaut   [M. 120.
A ses deus fiz aconpeignier,
S'iront ansanble gaeignier.
Si fil iront ansanble o lui,
Si le serviront anbedui,
2035 Et si dist, qu'il lor baillera
Sa nef et si lor chargera
Vaillant mil mars, voire trois mile,
S'iront au Pui et a Saint Gile;
Mes a ceste premiere voie
2040 An Angleterre les anvoie;
Car a Bristot l'autre semainne
Devoit estre la foire plainne,
La viaut que premieremant aille.
Sa nef et ses deus fiz li baille,
2045 Si lor comande, qu'il le croient
Et qu'il ja tant hardi ne soient,
Que rien nule li contredïent.
Cil li creantent et affent,
Que il a son comandemant
2050 Se contandront outreemant.
Tantost li rois, cui mout tart sanble,
Et li fil au borjois ansanble
S'atornent d'aler a Bristot.
An la nef mout riche avoir ot,
2055 Et la mers fu peisible et coie.   [M. 121.
An la mer antrent a grant joie,
Don Therfés la mestrise avoit,
Qui del governail mout savoit,
Et de la mer et des estoiles.
2060 As cordes traient sus les voiles,

Et la nes muet, qui ront et fant
A force les ondes devant
Si que au port vindrent mout tost.
Li rois comande, que l'an ost
2065 Tot lor avoir fors de la nef
Et lor chevaus anblanz soef;
Qu'il an i avoit mout de biaus
Soef portanz, forz et isniaus.
De la nef deschargier se hastent,
2070 Tot le jor i usent et gastent,
A Bristot vindrent l'andemain.
La terre tenoit an sa main
Uns vaslez, niés le roi Guillaume,
Et la corone et le reaume
2075 Li avoit an por ce doné
Et l'orent a roi coroné,
Qu'il n'i avoit plus prochien oir,
Qui la terre dëust avoir.
An la vile li juenes rois
2080 O grant conpaignie d'Anglois   [M. 122.
Estoit venuz le jor devant,
Et li rois Guillaumes s'i vant
D'autre part sa marcheandise,
Mout la vant bien et mout la prise
2085 A çaus, qui a lui la barguingnent:
De nule chose ne l'angingnent;
Car bien sot de chascun avoir,
Qu'il vaut et qu'il an puet avoir.
La ou li rois miauz antandoit
2090 A son avoir que il vandoit,
Vit un vaslet un cor tenir,
Si li comande a lui venir,
Et cil i vint au premier mot.
Li rois qui son panser ne sot,
2095 Li demanda, que il voloit
Feire del cor que il tenoit.
Et cil dist, quant l'ot antandu,
Qu'il le voldroit avoir vandu.
„Donc le me vant!" — „Mout volantiers."

2100 „Que t'an donrai?" — „Cinc souz antiers."
„Cinc souz?" — „Voire." — „Tu les avras,
Par covant que tu me diras,
An quel leu li corz fu trovez."
„Sire! quant vos le me rovez,
2105 Je vos dirai, comant je l'oi.   [M. 123.
Il avint chose, et je le soi,
Que li rois Guillaumes, mes sire,
Qui mout fu preudon, ç'oi je dire,
Fu si perduz, il et ma dame
2110 Qui avoit non de preude fame,
Que l'an ne sot que il devindrent;
Et les janz an lor meison prindrent
A bandon quanqu'il i troverent:
La sale et les chanbres roberent.
2115 Et je fui chiés le roi norriz,
S'estoie ancore mout petiz
Et mout anfes, quant ce avint.
Nus ne me bouta ne ne tint,
S'alai tout autressi cerchant
2120 Par la meison et reverchant
Con li menor et li greignor,
Si trovai le cor mon seignor
Dessoz un lit et si le pris.
Ne sai, se de rien i mespris;
2125 Mes bien l'ai jusque ci gardé.
Or vuel aler de la part De
An pelerinage a Saint Gile.
As povres parmi ceste vile
Donrai ce que j'avrai del cor,
2130 Ja n'an ferai autre tresor."   [M. 124.
Li rois li respont: „Bien feras,
Qu'espoir ancor preu i avras.
Tes le te puet merir ancore,
Don garde ne te dones ore."
2135 Li rois tot maintenant comande
A un serjant, que il li rande
Les cinc souz, que deniers n'an faille;
Et cil tot maintenant li baille,

Mes mout blasme au roi son marchié.
2140 Et li vaslez par le marchié
Vet departant toz les deniers
La ou il vit, qu'il fu mestiers.
Mes les janz qui lor seignor voient.
Que toz jorz conëu avoient,
2145 Si con par devant lui trespassent,
S'i arestent et s'i amassent
Por lui esgarder a estal.
Tote jor devant son estal
S'arestent por lui esgarder
2150 Et si le vont au roi conter,
Qu'an la vile venuz estoit
Uns marcheanz, qui ressanbloit
Le roi Guillaume si del tot,
Qu'il estoient an grant redot
2155 Savoir, se ce iere il ou non.   [M. 125.
„Comant", fet li rois, „a il non?
Et avez vos de lui anquis,
Qui il est et de quel päis?"
„Nenil, sire! nos ne savons,
2160 Ne rien anquis ne li avons."
„Donc i vuel gié," fet il, „aler.
Au marcheant m'estuet parler,
Et, se il mon oncle ressanble,
A toz jorz mes serons ansanble
2165 Antre moi et lui, s'il me croit.
Proierai lui qu'avuec moi soit,
Et por ce le vuel retenir,
Qu'il me fera ressovenir
De mon oncle, quant le verrai.
2170 Ore alons, si li anquerrai
De son afeire et de son estre.
Pieç'a que bien i vossisse estre,
Que mout m'est tart que je le voie."
Lors s'est li rois mis a la voie
2175 Sor un grant destrier de Castele,
Aprés lui ot rote mout bele;
Car trestuit cil veoir voloient

Le roi, qui amer le soloient.
Mes nus ne set, que ce soit il;
2180 Car esté avoit an essil   [M. 126.
Vint et quatre anz trestot a tire,
Que nes uns n'an estoit a dire.
Et se il le voir an sëussent
Qu'il fust ce, grant joie an ëussent.
2185 Li rois ne fine ne ne cesse,
Ainz point outre parmi la presse,
Qu'aprés lui granz pueples venoit,
Tant que li rois son oncle voit.
Quant il le voit, s'est desçanduz,
2190 Au col li a ses braz tanduz,
Si le salue et si l'acole
Et dist: „Amis! par saint Nicole,
Mout vos desirroie a veoir.
Or vos venez lez moi seoir;
2195 Car a vos vuel mout longuemant
Tenir concile et parlemant."
Li rois, qui bien le conoissoit,
Li dist: „A vostre pleisir soit,
Mes lez vos ne serrai je pas.
2200 A voz piez vuel seoir an bas,
Que trop haut home me sanblez."
„N'aiiez peor ne ne tranblez,
Seez sëuremant lez moi.
Je sui rois et vos sanblez roi;
2205 Car vos ressanblez un mien oncle   [M. 127.
Come rubis fet escharboncle
Et come fleurs de rosier rose;
Car c'est une mëisme chose.
Por lui sachiez que tant vos aim
2210 Que par po que je ne vos claim
Oncle et seignor et roi mëimes;
Qu'ains tel mervoille ne vëimes,
N'ains mais n'avint ne n'avandra.
Amis! assez iert qui vandra
2215 Grainne et alun, bresil et cire:
Venuz vos sui proiier et dire,

Que vos remeigniez a ma cort.
Jusque la ou Tamise cort
Et jusque la ou ele faut,
2220 Avroiz pooir, se Des me saut;
Que, se vos nel tenez an mal,
Je vos ferai mon seneschal."
„Seneschal? Par bone avanture!
Ostez, ostez! je n'an ai cure.
2225 Tost porroie si haut monter,
Que l'an me feroit mesconter
Trestoz les degrez au desçandre,
Si me feroit an tel saut prandre,   [M. 128.
Qu'il m'estovroit de duel crever.
2230 L'an a bien vëu eslever
De tes, qui vilmant ravalerent,
La, dont il vindrent, s'an ralerent;
Por ce ne m'an vuel antremetre.
Or le poez autrui prometre,
2235 Qu'a mon mestier me vuel tenir;
Qu'ancor porroit bien avenir,
Que li rois perduz revandroit:
Adonc cheoir me covandroit,
Si reseroie marcheanz;
2240 N'ai cure d'estre si cheanz.
Vos mëismes, qui estes rois,
Or me dites come cortois,
S'il revenoit, qu'an feriiez?"
„Certes, mout an seroie liez
2245 Et, se Des et an m'ame part,
La corone que je li gart
Et le reaume li randroie,
Que ja nul consoil n'an prandroie;
Car je n'an sui mes que viqueires,
2250 Prevoz ou eschevins ou meires.
Por lui vuel, et si vos an pri,
Que nos soiiemes mout ami.
Ja de moi ne vos estrangiez,   [M. 129.
Chascun jor a ma cort mangiez
2255 A tant de jant con vos menez.

Fain et avainne a cort prenez,
Et au partir avroiz voz gages.
Des costumes et des peages,
Que li autre marcheant randent
2260 De ce qu'il achatent et vandent,
Seroiz par mon reaume quites.
Or ne vos poist, se vos me dites
Vostre repeire et vostre non;
Qu'an ce n'avroiz vos se preu non."
2265 „Sire! j'ai non Guiz de Galveide,
Ou j'ai assez garance et gueide
Et alun et bresil et grainne,
Don je taing mes dras et ma lainne."
A tant li niés de l'oncle part
2270 Come frans et de bone part.
Mout li a son servise ofert,
Plus qu'il ne li a dit le sert
Et mout l'a chier et mout l'enore
Tant que an la vile demore.
2275 Et les autres janz tant l'amerent
Et si bel sanblant li mostrerent,
Que bien se pot apercevoir,
S'il vossist conoistre le voir,   [M. 130.
Que ce fust il, si come il iere,
2280 Qu'il ëust quitemant arriere
Tot le reaume d'Angleterre,
Ja n'i ëust tançon ne guerre.
Bien le sot et bien l'aparçut,
Mes einsi an la vile estut,
2285 Qu'onques conoistre ne s'i fist,
N'a son neveu congié ne prist.
Quant de la vile aler s'an dut,
          Une matinee s'esmut.
Bien matinet, a l'anjornee,
2290 Ot Therfés sa nef atornee,
Qui estoit chargiee a devise
De la meillor marcheandise,
Que l'an trovast jusqu'an Halape.
Lués que la nes del port eschape

2295 Et il furent an mer dedanz,
      Comance a anforcier li vanz,
      La mers anfle, li vanz anforce.
      Cil escrïent: „A orce, a orce!",
      Mes les ondes formant esbolent,
2300 Qui la nef dehurtent et folent
      Si qu'andui li costé li croissent   [M. 131.
      Et par po que les es ne froissent.
      La mers qui ore estoit igaus,
      Est plainne de monz et de vaus,
2305 Et ja sont si hautes les ondes
      Et les valees si parfondes,
      Que il ne pueent estal prandre
      Ne de monter ne de desçandre.
      Li jorz retorne a oscurté,
2310 Par tot a grant malëurté.
      Li ciaus troble, li ers espoisse:
      Ore est avis que la mers croisse,
      Or sanble que ele retraie.
      Li mestre mariniers s'esmaie,
2315 Qui voit les vanz tancier toz quatre,
      A l'er et a la mer conbatre,
      Si espart et foudroie et tonne:
      La nef tot de plain abandonne
      Et la leisse tote an balance.
2320 L'une onde a l'autre la balance
      Si come an joe a la pelote.
      L'une ore jusqu'as nues flote,
      L'autre jusqu'an abisme avale.
      Therfés s'escrie: „Cale, cale!",
2325 Mes tuit li quatre vant s'äirent
      Si qu'il desronpent et descirent   [M. 132.
      Totes les cordes et la voile:
      An mil pieces vole la toile,
      La voile ront et li maz froisse.
2330 An la nef sont a grant angoisse,
      Si reclaimment De et sa croiz.
      Tuit s'escrïent a haute voiz:
      „Sainz Nicolais! car nos eidiez,

Vers De merci nos anpleidiez,
2335 Qu'il et de nos misericorde
Et mete antre cez vanz acorde,
Qui por neant nos contralïent:
Aus guerroient et nos ocïent.
An ceste mer ont grant pooir
2340 Cist vant, bien le poons veoir,
Seignor an sont, bien i apert.
Qui que lor descorde conpert,
Il n'i avront ja nul damage:
Nos mar vëimes lor outrage.
2345 De ce, dont il font lor deduit,
Seromes nos mort et destruit.
Aussi font or li vant lor guerre
Con font li baron de la terre,
Qui de ce, dont il se deduient,
2350 Ardent la terre et la destruient.
Einsi nos cheitif conperrons   [M. 133
Les guerres de cez hauz barons.
As barons puet an conparer
Les vanz et la terre et la mer;
2355 Que par aus est troblez li mondes
Si con cil vant troblent cez ondes.
Ha! Des, car feites apaiier
Cez vanz qui nos font esmaiier.
Des! eincois que nos soiiens mort,
2360 Conduisiez nostre nef a port,
Et cest tormant nos abeissiez
Et l'ire de cez vanz pleissiez;
Qu'assez ont des or mes vanté,
S'il vos venoit a volanté."
2365 Einsi tuit Damedé apelent,
Mes adés branlent et chancelent;
Et trois jorz dura li orez
Si granz et si desmesurez,
Qu'onques ne sorent, ou il furent,
2370 N'onques ne mangierent ne burent.
Au quart a l'aube aparissant
Ala li jorz esclarissant

Et la mers fu coie et rassise,
Tuit li vant orent triue prise;
2375 Mes uns vantelez mout soés
Vanta toz sens, qui fu remés
Por l'er monder et baloiier.
Or se puet Therfés ravoiier,
S'il set conoistre, a quel contree
2380 Avanture a lor nef menee;
Que pres sont d'une terre estrange.
Li rois l'apele, sel losange:
„Mestre!“, fet il, „ou somes nos?   [M. 134.
Ceste isle conoissiez la vos?“
2385 „Öil, mout la conois je bien,
Ne vos an mantirai de rien;
Mes se vos port i volez prandre,
L'an le vos voldra mout chier vandre:
Mout l'estovra achater chier;
2390 Qu'an la nef vandra reverchier
Premiers li sire et puis la dame:
Ja n'i avra si chiere jame
Ne nul si precïeus avoir,
Que li sire ne puisse avoir,
2395 Se li plest et li abelist.
Aprés ce la dame reslist,
S'an reprandra ce qu'il li siet.
Cui qu'il enuit ne cui il griet,
Reprant aprés li seneschaus.
2400 Cist peages est assez maus;
Mes puis des iluec an avant
Li marcheanz a ce, qu'il vant
Au plus chieremant que il puet,
Ne ja doter ne li estuet,
2405 Que nus vaillant un pois li toille,
Que li sire tot ne li soille.“
Et li rois dit que port prandront,
Ja por coitise ne leiront,
Que maintenant a terre n'aillent.
2410 LI marinier tant se travaillent
Que la nef tote antiere et sainne

Ont mise au port a quelque painne
Devant le chastel torneiant;
Mes ce n'iert mie por neant.　　　　[M. 135.
2415 Quant cil del chastel la nef voient,
Un serjant por anquerre anvoient,
Se ce estoit nes marcheande.
Cil i vet tost et si demande,
Ques janz et de quel terre il sont.
2420 Li rois mëismes li respont:
„Marcheant somes de Galveide."
Cil de rien plus ne les apleide,
Ainz est au chastel retornez.
„Or tost!", fet il, „ne sejornez,
2425 Qu'au port sont marcheant venu."
N'i ont mie grant plet tenu,
Que lués por sa costume querre
Monta la dame de la terre;
Que de seignor n'i avoit point.
2430 Li seneschaus aprés li point,
Qui sa costume au port avoit.
La dame vient, li rois la voit,
Si vet tantost ancontre li;
Mes mout ce li desabeli,
2435 Qu'il ne la voit pas an apert;
Car ele avoit son vis covert.
Et neporquant si la salue
Et dist: „Bien soiiez vos venue,
Ma dame douce, desçandez!　　　　[M. 136.
2440 Je sai bien, que vos demandez,
Bien sai la costume del port.
Des plus riches avoirs j'aport,
Qu'onques nus marcheanz ëust.
De chose, qui mout vos plëust,
2445 Seroie liez, se je l'avoie."
„Amis! il estuet que je voie
Toz voz avoirs par un a un.
Et quant j'avrai vëu chascun,
Lors si choisirai a mes iauz
2450 Trestot le plus bel et le miauz."

A tant la dame an la nef antre,
Cui li cuers voletoit el vantre
Del roi qu'ele aloit ravisant;
Car il li aloit ja disant,
2455 Qu'ele l'avoit vëu aillors.
Toz les plus chiers et les meillors
Avoirs li fet mostrer li rois,
Dras anperïaus et orfrois,
Et covertors et sebelins,
2460 Panes et peliçons hermins,
Tables d'arjant et eschas d'or;
Mes ele regardoit un cor,
Qui au mast de la nef pandoit.
Au cor regarder antandoit,   [M. 137.
2465 Que nul antre avoir tant n'amoit
Come le cor qu'ele veoit.
Et le cor et le roi ravise,
Qu'a ce estoit s'antante mise,
N'aillors ne pot ses iauz tenir.
2470 Del cor les fet au roi venir
Et del roi au cor les ramainne,
D'aus esgarder est an grant painne.
Quant ele vient devant le mast,
N'a talant, qu'ele le trespast,
2475 Ainz prant le cor et si le beise,
Bien fet sanblant, que mout li pleise.
Et quant grant piece esgardé l'ot,
Arriers se trest, si ne dist mot,
Puis s'est vers le roi retornee.
2480 Mout avoit fet bele jornee
Et mout li plot et mout li sist.
Lez le roi an la nef s'assist,
Si a vëu an son doi mame
Un anelet qui fu sa fame,
2485 Por li ancor le portoit il.
Le jor que il mut an essil,
L'ot a son braiier oblïé
A un laz de soie noé.
Quant la dame a l'anel vëu,   [M. 138.

2490 Ne l'a mie mesconëu,
Et dist: „Biaus sire! je ne vuel
Rien nule que voient mi oel,
Fors cel anel que vos portez.
Par tant vos seroiz aquitez."
2495 „Ha! dame", fet li rois, „nel dites!
Ja por si po ne serai quites.
An ceste nef a tel avoir,
Don l'an porroit çant mars avoir:
Celui avroiz, se vos volez.
2500 Ja mon anel ne me tolez;
Car antre l'or et la jagonce
Ne poisent mie plus d'une once.
Mes je l'aim mout, foi que vos doi;
Car ma vie est tote an mon doi,
2505 Quant je cest anelet i port.
Tolez le moi, si m'avroiz mort."
„Ha! sire marcheanz, teisiez!
Vos estes trop bien aeisiez
D'un autel anel porchacier.
2510 Se vos voloie a ce chacier,
Vos nel me porriez veer.
Ne vos cuit de gueires grever,   [M. 139.
Quant je del vostre plus ne praing:
Folie faz et si mespraing;
2515 Car mout est povres cist chetés
A ce que la costume est tes,
Que vos ne me poez deffandre
Rien, que del vostre vuelle prandre,
Mes que ce soit uns seus avoirs."
2520 „Dame! dons n'est mie savoirs,
Quant autre chose ne prenez.
L'anel avroiz, or le tenez,
Mes mout vos ai riche don fet.
Malgré moi l'ai de mon cuer tret;
2525 Car an mon doi n'estoit il mie:
Or vos ai donee ma vie,
S'an doint Des moi et vos jöir!"
Ice vost mout la dame öir,

5*

Si l'an mercie et si a pris
2530 L'anel, si l'a au son doi mis,
Et dist: „Amis! an cest chastel
An guerredon de cest anel
N'avroiz ostel se le mien non.
Vos et tuit vostre conpaignon
2535 Herbergeroiz o moi anuit.
Avuec moi vos an vandroiz tuit,
Que jel vuel et si vos an pri."   [M. 140.
Li rois respont: „ Vostre merci."
Mes cil qui o la dame vindrent,
2540 A mout grant folie le tindrent
De l'anelet qu'ele avoit pris,
Quant avoir de çant mars de pris
Pöist avoir, s'ele fust sage.
Li seneschaus de son peage,
2545 De son droit et de sa costume,
Ne li let vaillant une plume,
Ainz prist, se assener i pot,
Tot le miauz que il veoir sot.
A tant la dame s'an repeire,
2550 Le roi, don grant joie viaut feire
Et mout servir et losangier,
An mainne avueques li mangier,
Lui et tote sa conpaignie;
Mes li rois a mout grant anvie,
2555 Que veoir la puisse an la face.
Ele comande, que l'an face
Les tables metre, l'an les mist,
Assez fu, qui s'an antremist,
De l'atorner se hastent mout.
2560 Et la dame devant son vout
Jusqu'au manton sa guinple avale.
Nen ot mie la color pale: [M. 141.
A veoir s'est abandonee.
Et l'an li a l'eve donee
2565 As mains qu'ele ot beles et blanches:
Li rois li vet tenir les manches,
Et ele li dist an riant:

„Trop a ci riche marcheant
A si povre dame servir.
2570 N'ai, don je vos puisse merir
Le sanblant que fet an avez.
Sire marcheanz! or lavez
Et tot aussi sëuremant
Dites vostre comandemant
2575 Con se vos venuz estiiez
El leu, ou plus cuideriiez,
Qu'an vos desirrast a veoir."
Ore ont lavé, si vont seoir.
Mout pres de li, tot coste a coste,
2580 Fist la dame seoir son oste,
Si mangierent ansanble andui.
Il la regarde, et ele lui,
Tant que li rois conut lors primes
Et si a dit a lui mëimes,
2585 Que c'est sa fame, et si est ele;
Mes li uns vers l'autre se cele.
Einsi avint qu'il se celerent,   [M. 142.
D'autres choses assez parlerent
Tant que li rois voit chiens venir,
2590 Si li comance a sovenir,
Que mout soloit avoir deduit,
Mout aloit volantiers an ruit
Des cers an bois aprés les chiens;
Ne li pleisoit tant nule riens
2595 Come an bois chacier et berser;
S'antre an un si tres grant panser,
Qu'an veillant comance a songier.
Ne m'an tenez a mançongier
Ne n'an alez ja merveillant,
2600 Que l'an songe bien en veillant.
Aussi de voir con de mançonge
Sont li panser come li songe.
Donc il fu voirs, n'an dotez ja,
Que li rois an veillant sonja;
2605 Et si sonjoit que vis li iere,
Qu'aussi, con s'il fust an riviere,

Parmi une forest chaçoit
Un cerf qui quinze rains avoit.
An cest panser toz s'oblia:
2610 Lors antice et si escria
Les chiens de corre aprés le cerf,
Si qu'an la chanbre et franc et serf [M. 143.
Li öirent escrïer tuit:
„Hu, hu! Blïaut, li cers s'an fuit!“,
2615 Si s'an gaberent tuit et ristrent,
Antr'aus li un as autres distrent:
„Cist marcheanz est fos naïz.
Esgardez come est esbäiz!“
Mes la dame, cui plus an chaut,
2620 Le tret vers li, et il tressaut
Aussi con s'il ëust dormi.
La dame seignor et ami
Mout doucemant l'apele et claimme
Come celui qu'ele mout aimme,
2625 Andeus ses braz au col li plie,
Si li prie que il li die,
Por quoi si fort avoit crïé.
„Dame! ne l'ai pas oblïé,
Et, quant vos le m'avez requis,
2630 Dirai vos, don j'iere pansis.
Veritez est que je pansoie,
Si m'iere avis, que je chaçoie
Le plus grant cerf que ains vëisse.
Jusqu'a ne gueires le prëisse,
2635 Que li chien si pres li venoient,
Qu'avis m'estoit qu'il le tenoient.
Et se je dormisse et sonjasse, |M. 144.
Ja plus a certes nel cuidasse.“
La dame fu sage et voiseuse,
2640 Si ne torna pas a oiseuse
Ce que ses sire pansé ot;
Qu'ele aparçut tres bien et sot,
Que volantiers iroit chacier,
Si le comance a anbracier.
2645 Et ses janz la tienent por fole

De son seignor, que ele acole;
Mes il ne sorent pas l'afeire.
Tot son pleisir li voldra fere,
Qui qu'an parot, tot plainnemant.

2650 Lors li a dit mout jantemant:
„Sire! je vuel aler an bois.
Savroiz m'an vos gre, se j'i vois?"
„Savrai, dame? Öil, voir mout grant.
Je ne sui de rien si an grant,

2655 Bien a vint et quatre anz passez,
Puis ai ën enui assez,
Que je n'aille chacier an bois.
Mout an serai liez, se j'i vois."
„Sire! je vos an jur saint Pol

2660 Et les braz, don je vos acol,
Que, se je puis, ainz l'asserir
Verroiz vostre songe averir."

T ANTOST la dame a comandé,
  Que li chien soient ancoplé,   [M. 145.

2665 Anseler fet les chaceors
Et atorner ses veneors.
Ja sont atorné por movoir,
Chascuns a tot son estovoir,
Tuit ont pris lor corz et lor ars.

2670 Ne finent jusqu'a uns essars,
Ou le cerf de quinze rains truevent.
Tuit li chien aprés lui s'esmuevent:
Li cers s'an vet les sauz fuiant,
Et cil le vont aprés siuant.

2675 Li cers s'an fuit, li chien glatisseut,
Par le bois espés se flatissent,
Li bois tantist, li gauz resonne.
La dame le roi areisonne,
Si li conte son erremant,

2680 Et il li le suen ansemant,
Et anbedui par amistié
Plorent de joie et de pitié.
Il n'est nus hon, s'il les öist,
Quant li uns a l'autre jehist,

2685 Comant il avoient erré,
Ja tant n'ëust le cuer serré,
Qu'a öir mout ne li plëust,
Et joie et pitié an ëust.
La rëine, tot tire a tire,   [M. 146.
2690 Li comança premiers a dire,
Comant Gleoläis la prist,
Et le covant que il li fist,
Comant il fu dedanz l'an morz,
Et comant la terre et li porz
2695 Li sont remés sanz contredit.
Aprés ce li reconte et dist:
„Sire! uns rois, qui a moi marchist,
Me vost prandre et si me requist,
Et por ce me fist desfïer,
2700 Qu'a lui ne me vos marïer,
Si que ancor la guerre dure,
Qui est et perilleuse et dure.
Savez, por quoi le vos mantoi?
Cist bois est antre lui et moi:
2705 Or si vos vuel dire et priier
Et sor tote rien chastiier
D'une eve, qui cest bois depart.
Se li cers aloit cele part,
Que il trespassast l'eve a no,
2710 Ce vos consoil et pri et lo,
Que ne passez pas la riviere,
Mes retornez vos an arriere;
Car vostre anemi sont de la.“
Et li rois dit que, s'il ne l'a   [M. 147.
2715 Pris ainz qu'a la riviere vaingne,
Por ce que il l'an ressovaingne,
Qu'il retornera maintenant.
„Biaus sire! par cest covenant,“
Fet la rëine, „vos doing gié
2720 De corre aprés le cerf congié.
Vos corroiz, je n'i corrai pas:
Tote l'anblëure et le pas
M'irai aprés vos esbatant.“

De li se part li rois a tant
2725 Corant, le cor au col pandu,
S'a le cri des chiens antandu,
Qui le cerf chacent et angressent.
Trestuit si duremant l'anpressent,
Que li cers crient mout lor anchauz,
2730 S'a tant föi que toz est chauz,
Et pantoise et sue de greisse.
Droit vers la riviere s'esleisse,
Et tuit li chaceor remainnent.
Li chien le cerf chacent et mainnent
2735 Vers la riviere de randon.
Li rois let aler a bandon
Aprés les chiens son chaceor.
D'antrer an l'eve n'ot peor,
Quant le cerf voit outre passer   [M. 148.
2740 Et toz les chiens aprés noer,
Si a oblïé la doctrine
Et la deffanse la rëine,
Qui li avoit dit et priié
Et sor tote rien chastiié,
2745 Que la riviere ne passast.
Ceste priiere est mise a gast;
Qu'aprés le cerf tot droit se fiert,
Nul autre passage n'i quiert.
Li cers passe outre, et tuit li chien
2750 L'anchaucierent aprés si bien,
Qu'antor et anviron li vienent,
As ners et as braons le tienent,
Si l'ont par force a terre mis.
Li rois voit que li cers est pris,
2755 Si comance a corner la prise.
Trois foiz a s'alainne reprise,
S'est si loing alee l'öie,
Que dui chevalier l'ont öie,
Qui par la forest chevauchoient,
2760 Qui guerrier a la dame estoient.
Et quant la voiz ont antandue,
Cele part vont sanz atandue,

Quanque cheval porter les porent.
Anbedui come guerrier orent   [M. 149.
2765 Genoillieres et hauberjons,
Lances, espees et blazons,
Et vindrent tot antalanté
Anbedui d'une volanté,
D'ome ocirre ou de prison prandre,
2770 Qu'a lor seignor pöissent randre.
Mes quant li rois les vit venir,
Si li comance a sovenir,
Si se recorde et si s'apanse,
Que trespassé ot la deffanse,
2775 Que la rëine li ot feite.
L'un voit venir l'espee treite,
Et l'autre l'escu anbracié.
Desfïé l'ont et menacié,
Si li dïent: „Vassaus! por quoi,
2780 Par cui consoil, par quel otroi
Osastes vos ceanz chacier?"
Quant li rois s'öi menacier,
Qui a pié estoit desçanduz,
Nes a mie trop atanduz,
2785 Ainz fuit vers un chesne a recet,
Et son cheval aprés lui tret,
Si fet del chesne son escu.
Cil crïent: „Trop avez vescu,
Vassaus! se tost ne vos randez.   [M. 150.
2790 Ja vers nos ne vos deffandez,
Car ore androit vos covient ci
Morir ou venir a merci."
Quant li rois voit sa mort a l'oel,
Lors respont: „Seignor! je ne vuel
2795 Se merci non, merci demant;
Mes bien sachiez certainnemant,
Que, se vos m'aviiez ocis,
Tost vos an porroit estre pis."
„Cui, danz vassaus? An quel maniere?
2800 Ce est menace avuec priiere.
Quant vos menace i avez mise,

Fole merci avez requise."
Lors dist li uns a l'autre: „Fier!
Nule merci avoir n'an quier,
2805 Quant aprés sa mort nos menace.
Au pis que il porra nos face."
Lors li corent sus anbedui.
Li rois, qui ot peor de lui,
Del chesne et del cheval se cuevre
2810 Et dist: „Seignor! mout vilainne oevre
De moi ocirre feriiez,
Qu'un roi ocis i avriiez."
„Un roi?" — „Voire." — „Don?" — „D'Angleterre."
„Et que venistes vos ça querre?   [M. 151.
2815 Ques avanture vos amainne?"
Li rois son essil et sa painne
Tot de chief an chief lor reconte,
Et cil, por escouter le conte,
De lor chevaus a pié desçandent.
2820 Li rois lor conte, et cil l'antandent:
Tot de chief an chief lor conta,
Que onques rien n'i mesconta,
Comant il ala an essil,
Comant sa fame et si dui fil
2825 Furent perdu an si po d'ore.
A chascun mot sospire et plore
Si duremant qu'onques ne fine.
Premiers conta de la rëine,
Que li marcheant li tolirent,
2830 Et de l'enui que il li firent;
Mes assez plus plore et sospire,
Quant il lor comança a dire,
Comant il perdi ses anfanz
Et comant il trancha les panz
2835 De sa cote, ou il les lia,
Et comant au batel porta
L'un, et quant l'autre i vost porter,
Si l'an vit a un lo porter,
Si le chaça tant qu'il recrut
2840 Par force et seoir li estut

A terre, et dormir li covint;   [M. 152.
Et quant il au batel revint,
De l'autre anfant n'i trova mie.
N'a conter pas ne lor oblie
2845 De l'aumosniere et des besanz,
Que li jeta li marcheanz,
Comant l'eigle l'an espossa,
Qui a terre le trebucha.
Tot maintenant sont avenues
2850 Mervoilles, que de vers les nues
Vint l'aumosniere et li besant:
Des lor anvoia an presant,
Si an furent mout esbäi,
Quant l'aumosniere antr'aus chäi.
2855 Li rois por le prandre s'abeisse,
A ses piez mie ne la leisse,
S'an a a De graces randues
Et ses mains vers le ciel tandues,
Et dist: „Seignor! soe merci.
2860 Bien nos a Des demostré ci
Par sa pitié, par sa bonté,
Que voir vos ai de tot conté."
A tant li uns d'aus li a dit:
„Biaus sire chiers! se Des m'äit,
2865 Mes pere estes, vostre fiz sui.
Ains mes mon pere ne conui;
Car li preudon, qui me norri,
Me dist qu'a un lo me toli,   [M. 153.
Et si me dist, an quel termine;
2870 Par corroz et par aatine
Un pan de cote me bailla,
Ou anvelopé me trova.
Ancor l'ai je, si le verroiz,
Adonc la verité savroiz,
2875 Se je sui vostre fiz ou non.
Et por le lo Lovel ai non:
Plus a dire ne m'an besoingne,
Car la veritez m'an tesmoingne."
Li autre de ce que il ot

2880 Desmesureemant s'esjot
Si qu'il s'an espert a mervoille,
Et dist bien qu'onques la paroille
Joie n'avint a home né.
„Des", fet il, „m'a ci amené,
2885 Qu'or sai je ce que ne savoie.
Ansanble o moi mon frere avoie,
Si ne le conoissoie mie.
Amis! de bone conpaignie
Avomes esté longuemant.
2890 Or sai je bien certainnemant,
Que conpaignon somes et frere,
Et vos, biaus sire! estes mes pere;
Car je fui el batel trovez,   [M. 154.
Et bien sera li voirs provez,
2895 Quant je le pan vos mosterrai,
Que a mon ostel troverai,
Et bien l'ai des ici gardé."
„Seignor! ce soit de la part De,"
Fet li rois, „quant trovez vos ai.
2900 Les panz, que de ma cote ostai,
Estuet qu'andeus les laingne et voie,
Se vos volez que je vos croie."
„Venez an donc, si les verroiz,
Puis qu'autremant ne nos crerroiz."
2905 „Einsi sera il", fet li rois,
„Desfeisons nostre cerf einçois."
„Bien avez dit." Lors le desfont,
Quant desfet l'orent, si s'an vont
Tant qu'il vindrent a lor repeire.
2910 De rien ne vostrent sanblant feire
Jusqu'il orent les panz vëuz.
Li rois les a bien conëuz
Et dist por voir, que ce sont il.
Lors li font joie andui si fil,
2915 Mout l'acolent sovant et beisent;
Sachiez por voir, que mout li pleisent.
Li rois, qui formant s'an esjot,
Les rebeise andeus et conjot,   [M. 155.

Si font tuit troi tel joie ansanble,
2920 Que lor ostes dist qu'il ressanble,
Que il aient borse trovee.
„Biaus ostes! verité provee
Avez dite“, ce dist Loviaus;
„Venuz est uns ostes noviaus
2925 Avuec nos an vostre mcison,
Que nos devomes par reison
Mout enorer et conjöir.
Se le voir an volez öir,
D'Angleterre est et rois et sire.
2930 Or si vos vuel proiier et dire,
Que vostre seignor et le mien
L'ailliez dire, si feroiz bien;
Car mout avra de s'acointance
Grant joie et de sa conoissance,
2935 Si le vandra veoir ceanz.“
Cil ne fu mie delaianz;
Car au roi vient et si li conte
Les noveles; et li rois monte,
Que a grant mervoille li vint.
2940 Ne fina tant qu'a l'ostel vint:
Et cil a l'ancontre li saillent,
Lor pere par le poing li baillent,
Si li a contee et desclose
Tote l'avanture et la chose   [M. 156.
2945 Loviaus au roi de Quatenasse,
Si qu'un seul mot ne l'an trespasse,
Si li mostra a antresaingne
Les deus panz, don li rois se saingne,
Et dist que c'est chose provee.
2950 „Bele avanture avez trovee,
Si an devez grant joie avoir.
Ainz que je pöisse savoir
Rien nule de vostre lignage,
Vi tant proesce et vasselage
2955 An vos, que de rien n'i mespris,
Se chevaliers andeus vos fis.
Assez l'avez bien desservi;

Car mout m'avez an gre servi
De ma guerre mainte foiiee.
2960 Mout avez sovant correciee
L'orguelleuse dame cheitive,
Qui ja n'avra, tant con je vive,
A moi pez, s'ele ne me prant,
Ou se sa terre ne me rant,
2965 Lors si s'an fuie et si s'an aille."
Et li rois li respont sanz faille:
„Ice praing gié vers vos an main,
Qu'ele la vos randra demain.
Ja n'i avra granmant pleidié.   [M. 157.
2970 Se mi dui fil vos ont eidié
Por ce que norriz les avez,
Feire le durent, ce savez;
Mes feire ne le redëussent,
Se il la dame conëussent;
2975 Car mout mesoirre et mout mesprant,
Qui vers sa mere guerre anprant.
Mout pesanz est guerre et amere,
Quant li fiz guerroie la mere.
Quant il li fet corroz et ire,
2980 Vers le siecle et vers De anpire:
Siecles l'an blasme, et Des l'an het.
Mes tes fet mal, qui ne le set:
Mal avez fet, si nel sëustes;
Por ce droit et reison ëustes,
2985 Que vos ne la conoissiiez
Et vostre seignor serviiez.
Seignor! vostre mere est la dame,
Cui vos et a feu et a flame
Avez sovant sa terre mise.
2990 Einsi d'un mëisme servise
Estiiez felon et leal,
Que vos feisiiez bien et mal.
Ne los ne blasme ne vos met,
Et l'un et l'autre vos amet."   [M. 158.
2995 Marins et Loviaus tuit s'esperdent
De ce qu'il öent, et si terdent

Lor iauz, don les lermes coroient;
Car de joie anbedui ploroient,
Et dïent: „Des! quant iert il jorz?
3000 Mout nos sera lons cist sejorz
Jusqu'a demain et ennieus.
Demain nos avra anbedeus,
Si li irons merci crïer;
Mes ne devons mie oblïer
3005 Les marcheanz qui nos norrirent:
Plus que il ne durent nos firent;
Car nule rien ne nos devoient,
S'est droiz, qu'ancore nos revoient;
Lors si savront, que il troverent.
3010 Assez bien vers nos se proverent,
S'est droiz que il i aient preu,
Quant nos porrons venir an leu."
Einsi parlant et d'un et d'el
Ont retenu a lor ostel
3015 La nuit le roi de Quatenasse.
An paroles une grant masse
De la nuit mistrent et gasterent.
Et li serjant mout se hasterent
Del mangier cuire et atorner.
3020 MES de ci m'an vuel retorner
A la rëine, qui fet duel   [M. 159.
Si grant, qu'ele morist son vuel,
Et dist: „Lasse, malëuree!
Tant m'a ëu corte duree
3025 La granz joie de mon seignor!
Ma joie fet mon duel greignor:
Ce que j'ai ma joie perdue,
Que Damedés m'avoit randue,
Fet mon duel croistre et anforcier.
3030 Mes or me restuet esforcier
De guerroiier mes anemis,
Qui mon seignor m'ont mort ou pris.
Or tost, seignor!", fet ele „or tost!
Demain irons sor aus a ost.
3035 Feites crïer qu'a l'anjornee

Soit tote ma janz atornee.
N'i remaigne n'amont n'aval
Nus hon n'a pié ne a cheval,
Qui arc ne lance porter puisse,
3040 Que demain toz as guez ne truisse."
Lors est par tot crïez li bans,
Qu'il n'i remaingne sers ne frans,
Si chier come il a lui mëime,
Qui n'et einçois ore de prime
3045 Le gue de la marche passé.
L'andemain i sont amassé,   [M. 160.
Et la rëine i est venue.
Ains puis n'i ot resne tenue,
Si s'an vont aroteemant,
3050 Mes il avront prochienemant
Autre ancontre, qu'il ne cuidoient.
N'atandent gueires, que il voient
Le roi et ses deus fiz aprés,
Si s'antrevindrent de si pres,
3055 Qu'il se sont antreconëu.
La rëine a le roi vëu,
Dont ele estoit mout esmaiiee,
Si li est s'ire rapaiiee,
Et fet ses janz arriers ester.
3060 Mes li rois n'a soing d'arester,
S'iere mout liez et mout joianz,
Et li dist: „Dame, bien veignanz!"
„Et vos soiiez li bien venuz!
Comant fustes vos retenuz
3065 An cest päis? Ice me dites!
Estes vos prisoniers ou quites?
S'il vos demandent reançon,
Ja n'an soiiez an cuisançon;
Que je lor sui venue randre,
3070 Se lor janz la moie ose atandre."
Li rois se rist de ce qu'il ot,   [M. 161.
Ansanble o lui ses deus fiz ot
Et le roi qui les ot norriz.
„Ha! Des," dist il, „come or nos riz,

3075 Come or nos mostres bele chiere!
Ne savez, douce amie chiere!
Que j'ai trové an ceste voic.
Certes, vostre joie et la moie
Trovai droit an ceste place ier.
3080 Buer venimes le cerf chacier,
Buer fu trovez, buer fu mëuz,
Buer fu chaciez, buer retenuz,
Buer fu atainz, buer fu ocis;
Car voz guerriers avons conquis.
3085 Li rois de Quatenasse est ci,
Venuz est a vostre merci
Et ses janz totes avuec lui.
Et savez vos, qui sont cist dui,
Que je vos ai ci amenez?"
3090 „Sai, sire?   Çaus mar vi je nez!
Que cist m'ont morte et confondue,
Cist m'ont si pres rese et tondue,
Que fors des murs et du pleissié
Ne m'ont vaillant un tros leissié.
3095 Cist furent li premier message,
Qui cuidierent le mariage   [M. 162.
De moi feire et de lor seignor.
Cist furent li desfïeor,
Cist sont li plus mal de la terre,
3100 Cist ont feite tote la guerre,
S'ont mes homes pris et raiens.
Que vos diroie au derriiens?
Cist m'ont tant fet ire et corroz,
Que je les doi häir sor toz;
3105 Cist sont mi mortel enemi."
„Ainz sont vostre charnel ami."
„Ami? Comant? — „Vostre fil sont."
„Des!", fet la dame qui respont,
„Puet estre voirs?" — „Öil, sanz dote."
3110 Lors i vient l'une et l'autre rote,
Quant la parole ont antandue.
La rëine sanz atandue
Les a antre ses deus braz pris,

Qui de joie ot le cuer espris,
3115 Si les beise andeus et acole,
De joie li faut la parole.
Et cil li sont au pié chëu,
Qui de joie sont esmëu,
Si li dïent andui ansanble:
3120 „Dame! se reisons vos ressanble,
Pardonez nos toz les mesfez,   [M. 163.
Que nos andui vos avons fez.
Or savons bien que tort ëumes,
Ne jusque ci mes nel sëumes,
3125 Ainz cuidiiens grant droit avoir.
Si pechames par non savoir;
Mes qui peche par ignorance,
N'i afiert pas granz penitance.“
La rëine respont adons:
3130 „Legiers doit estre cist pardons.
Assez vos fet a pardoner,
Quant vos me voliiez doner
Greignor enor, que je n'avoie.
De mon preu mal gre vos savoie.“
3135 A tant li rois de Quatenasse
Jusqu'a la rëine trespasse,
Si li dist: „Dame! je sai bien
Que je ne vos ai mesfet rien,
N'an ce n'afiert nule häine,
3140 Que je vos vos feire rëine;
Mes por ce despit an avoie,
Qu'an m'avoit dit et jel cuidoie,
Que vos fussiez mout basse famc.
Ne cuidoie pas que ma dame
3145 Fussiez, si an vaing a merci.“
„Sire rois! et je vos merci
De mes deus fiz mout hautemant.
A cest premier mercïemant   [M. 164.
I avez Sorlinc conquesté,
3150 Don j'ai dame lonc tans esté.
Mes tant i met je tote voie,
Se mes sire, li rois, l'otroie.“

„Otroi, dame? Ainz le vuel et lo,
Ancor me sanble ce trop po.“
3155 „Sire!“, fet ele, „je li rant.“
Lors l'an revest, et cil le prant.
Et maintenant sanz plus d'espace
Sont tuit departi de la place,
Ou grant joie orent demence;
3160 Et la rëine an a menee
Avuec li l'une et l'autre torbe.
Rien, qui li pleise, ne destorbe
Nus qui i soit, ainz li otroient
Tot son pleisir, si la convoient
3165 Jusqu'a Sorlinc joie menant.
Marins et Loviaus maintenant
Vuelent lor marcheanz mander.
N'i a mes que del comander:
Comandé l'ont, message muevent,
3170 Qui les ont quis tant qu'il les truevent,
Si lor ont tot dit et conté.
Cil sont a grant joie monté,   [M. 165.
S'ont tant erré et nuit et jor
Tot le droit chemin sanz sejor,
3175 Qu'onques fors des galos n'issirent
Tant que Sorlinc le chastel virent,
Ou assanblee estoit la corz.
Mes po lor pleisoit li sejorz;
Car assez miauz vossissent estre
3180 Ou a Londres ou a Guincestre,
A Evröic ou a Nicole.
Sanz feire plus longue parole,
Sachiez, que la corz fu mout granz
Et la joie des marcheanz;
3185 Que lués qu'il vindrent a la cort,
Marins a l'ancontre lor cort,
Et Loviaus, qui mout fu senez,
Del conjöir s'est mout penez:
Tot droit devant le roi les mainne,
3190 D'aus enorer formant se painne.
Et Loviaus hautemant lor conte,

Qni del dire n'ot nule honte:
„Seignor!“, fet il, „par cez preudomes,
Que ci veez, sain et sauf somes.
3195 Cist me rescost au lo crüel,
Si me norri an son ostel.
Cist trova Marin el batel,
Si le norri et bien et bel.   [M. 166.
Assez nos norrirent soef,
3200 Ainz n'orent rien vers nos sor clef:
Trestot nos mistrent a bandon.
Ore an avront le guerredon,
Et sachiez, qui nes amera,
Nostre buens amis ne sera.“
3205 La rëine sanz atandue,
Quant la parole a antandue,
Les marcheanz a salüez,
Si les a d'iluec remüez,
Menez les a fors de la fole.
3210 Ja ne cuide estre preu saolc
D'aus conjöir et enorer:
Maintenant lor a fet doner
Mantlaus vers et pelices grises.
Quant il orent les robes prises,
3215 Si se tindrent a bien paiié,
Des robes se firent mout lié,
Et dïent que il les vandront,
Deniers ou arjant an prandront.
La rëine de ce se rist,
3220 An riant as marcheanz dist:
„Seignor! or ne vos esmaiiez
Des robes, que plus n'an aiiez,
Si les vestez par un covant,   [M. 167.
Qu'aussi bones avroiz sovant.
3225 Ce sont erres que je vos doing:
Ja mes de rien n'avroiz besoing,
Que vos n'aiiez tot sanz dangier.
Ne vos estuet foires soignier
Ja mes an trestot vostre eage.
3230 De vos et de vostre lignage

Ai talant, que riches vos face.
Samiz ne porpre ne biface
Ne vers ne gris ne sebelins
Ne vos faudra, danz Goncelins!
3235 Ne vos ansemant, dan Fouchier!
Que j'ai l'un et l'autre mout chier."
„Dame! vos nos tenez por soz.
Se cez robes estoient noz,
Nos an feriiens mout bien feire
3240 De chascune quatorze peire
De gros eigniaus et de cordé."
„Teisiez!" — „Dame! par le cors De,
Ja cez robes ne querons prandre,
Quant nos ne les porriiens vandre."
3245 La rëine fu mout cortoise,
De ce qu'ele ot pas ne li poise;
Car ele s'an rioit au mains
De la folie as deus vilains;   [M. 168.
Qu'an vilain a mout fole beste.
3250 Mes ainz qu'ele ne les reveste,
Panse que d'aus achatera
Les robes, puis lor redonra,
Et dist: „Seignor! or me vandroiz
Les robes, puis ses reprandroiz;
3255 Mes li marchiez einsi prandra,
Que vestir les vos covandra."
Et il dïent qu'il les prandront
Volantiers et si les vandront
Por trante mars sanz rien leissier.
3260 „Je n'an quier ja rien abeissier,"
Fet ele, „que mout bien le valent.
Trante mars d'arjant ne vos falent,
De ce soiiez tuit a sëur."
Cil respondent: „A buen ëur!
3265 Si vos atandrons volantiers
Huit jorz ou quinze toz antiers."
Lors se vestent des robes chieres:
Lor contenances et lor chieres
Furent si foles et si nices,

3270 Que des mantiaus et des pelices
Sanbloit, qu'an lor ëust presté. — —
A grant joie ont huit jorz esté
A Sorlinc li dui roi a masse,
D'Angleterre et de Quatenasse . . .
3275 Si li fu la terre randue.   [M. 169.
Au nueme jor sanz atandue
Furent les nes prestes au port.
A grant joie et a grant deport
Antrerent anz au point du jor;
3280 N'ont cure de plus lonc sejor,
S'orent le douz vant espïé;
Mes li rois n'a pas oblïé,
Que son borjois n'anvoiast querre,
Qu'a lui venist an Angleterre,
3285 Et ja estoit Therfés mëuz.
Et li rois avoit retenuz
Avuec lui les fiz au borjois,
Et si lor promist come rois,
Qu'il lor donra chastiaus et tors.
La mer trespassent a droit cors,
3290 Que nule foiz ne fu troblee
Ne correciee ne iree.
Et quant il sont outre passé,
Antor le roi sont amassé,
Et il prist oiant toz a dire:
3295 „Häi! Des qui de tot ies sire!
Ici voi je, ce m'est avis,
La ou je fui dolanz jadis.
Ha! Des, onques ci puis ne fui;
Que mout i oi duel et enui:
3300 Ore ai tant joie et tant leesce."
A tant vers la roche s'adresce,   [M. 170.
Aprés fu Loviaus et Marins,
Danz Fouchiers et danz Goncelins,
Et li fil au borjois i furent,
3305 Que la rëine et li rois durent
Plus losangier et plus atreire
Et plus enor et joie feire,

Que toz les autres de la rote,
3310 Et si feisoient il sanz dote.
QUANT li rois vers la roche vint,
Le roi de Quatenasse tint
Par la main et si li a dit:
„Biaus sire rois! vez ci le lit,
3315 Vez ci le lit, vez ci la chanbre
(Bien m'an sovient et bien m'an manbre),
Ou la rëine traveilla,
Quant de ses fiz se delivra.
Par ci aprés le lo corui,
3320 Tant le chaçai que je recrui.
Arriers estoit Marins remés
An un batel antre les nes.
Or me sont si douz a retreire
Li grant enui et li contreire,
3325 Qui m'avindrent an cest porpris,
Que talanz m'est ore androit pris,
Que ja de ci ne partirai,   [M. 171.
N'a ville n'a chastel n'irai
Tant que mes niés iert ci venuz,
3330 Qui ore por roi est tenuz."
Lez la roche orent tot porpris,
Et lués par trestot le päis
Fu d'aus la novele espandue.
Ses niés vint et li a randue
3335 La corone et la terre tote.
A Londres vint a mout grant rote,
Si fu mout volantiers vëuz
Et a grant joie recëuz.
A Londres sejorna li rois
3340 Tant que venuz fu li borjois
De Galveide, qu'il ot mandé,
Et a ses janz a comandé,
Qu'il le servissent et amassent
Et sor tote rien l'enorassent.
3345 Si firent il, mout l'enorerent
Et le servirent et amerent.
Et li rois, qui feire le dut,

Sor toz homes l'ama et crut,
Si fu ses mestre conseilliers.
3350 Ses fiz fist andeus chevaliers,
Ses maria, ce dit li contes,
Es filles a deus riches contes,
Si furent andui chastelain.   [M. 172.
Del vaslet fist son chanbrelain,
3355 Qui an la foire de Bristot
Les deniers, que por le cor ot,
Departi as povres por s'ame,
Si li dona mout riche fame,
Tel que çant mars de rante i prist;
3360 Et as deus marcheanz assist
Mil mars de rante a estrelins.
Tes est de cest conte la fins:
Plus n'an sai, ne plus n'an i a.
La matiere si me conta
3365 Uns miens conpainz, Rogiers, li cointes,
Qui de maint preudome est acointes.

Eigennamen.

Angleterre *England* 11: 19. 759.
1984. 2040. 2281: 2813. 2929.
3274. 3284:
Anglois *Engländer* 2080:
Bar *Bar sur Aube* 1987.
Blïaut *Name eines Jagdhunds*
2614.
Bristot *Bristol* *352. 2041. 2053:
2071. 3355:
Castele, Quastelle *C Kastilien*
2175:
Crestiien *Kristian von Troyes,*
der Verfasser des Wilhelms-
lebens 1. 18.
Esmoing, Esmont *C Kloster*
St. Edmonds in Suffolk *15.
Evroic, euuroyc *C*, wiric *P*
York 3181.
Flandres *Pl. Flandern* *1984.
Fouchier, Foukier *P Pflege-*
vater Marins 1439. 1449.
1462. 1478. 1722, foucier *P*
3235. 3304.
Galveide *Galvoie (südwestliches*
Schottland) 999. 2265: 2421:
3341; *s. gr. Ausg. S. CLXXX.*
Gascoingne *Gascogne* 1985.
Gernemue *P*, Gierne nue *C*
(ein Wald) Yarmouth (Nor-
wich) 1486; *s. gr. Ausg. S. 475*
u. CLXXX.
Gile, saint *Wallfahrtsort St.*
Gilles (Gard) 2038. 2127:
Gleolaïs *Herrscher von Sorlinc*
*1064. 1073. 1089. 1103. 2691.

Goncelin, Gouselin *P Pflege-*
vater Lovels 1439. 1449. 1456.
1513. 1655. 1739. 3234: 3304:
Graciiene *Gratiana, Königin*
von England, Gemahlin Wil-
helms 35. 1276.
Gui, *N.* Guiz *Versteckname des*
Königs Wilhelm (die erste
Silbe des Wortes Guillaume)
1010. 1011. 1021. 1980. 2265.
Guillaume *Wilhelm, König von*
England, Gemahl Graciene's,
der Held des Romans 30. 31.
421. 2073: 2082. 2107. 2153.
Guincestre *Winchester* 3180.
Halape *Aleppo* 2293.
(Jelfes *P s.* Therfes).
Londres *London* 3180. 3336.
3339.
Lovel, *N* Loviaus ,*Wölfing*',
einer der entführten Zwillinge
Wilhelms 1350. 1457. 1465.
1510. 1533. 1660. 1671. 1680.
1706. 1712. 1766. 1772. 1782.
1794. 1852. 1864. 1926. 1944.
2876. 2923. 2945. 2995. 3166.
3181. 3191. 3303.
(Marguerite, sainte *heil. Mar-*
garete 459 *P*).
Marie *die heilige Marie* 496:
Marin ,*Seemann*', *einer der ent-*
führten Zwillinge Wilhelms
1355. 1460. 1479. 1482. 1494.
1502. 1663. 1665. 1673. 1680.
1699. 1708. 1724. 1766. 1774.

1794. 1798. 1853. 1946. 2995. 3166. 3181. 3197. 3303. 3321.
Nicolais, saint *heil. Nikolaus* 2333.
Nicole, saint *heil. Nikolaus* 2192:
Nicole *Lincoln* 3181:
Pere, Pierre *P*, saint *der Apostel Peter* 535. 1719:
Pol, saint *der Apostel Paulus* 2659:
Provance, Provence *Provence* 1985.
Provins*Provins (Seine et Marne)* 1987.
Pui *Stadt in Frankreich; wohl Puy en Velay* 2038.
Quathenasse, Catenaise *u.* Catanasse *P Caithnes (NO Schottlands)* 1346. 1903: 2945: 3015: 3085. 3135. *3274: 3312.

Rodain *Knappe Lovels* 1646: 1681. 1768. 1780. 1806. 1822. 1882. 1896.
Rogier *Freund Kristians von Troyes (viell. Rogier von Lisaïs)* 3365; *s. gr. Erec S. XIII.*
Rollant *Neffe Karls des Großen, der Held von Roncevals* 1067:
Rome *Rom* 1226:
Sorlinc *ein Hafenort in Schottland* 1050. 3149. 3165. 3176. 3273; *s. Einl. S. XXXIV.*
Tamise *Themse* 2218.
Tantalus *der bekannte König der griechischen Fabel* 907:
Therfes, Jelfes *P Steuermann* 2057. 2290. 2324. 2378. 3285.
Troies *Troyes (Aube)* 1987:

Verzeichnis seltenerer Wörter.

alie *Elsbeere* 435.
aorser *3. pr.* aorse *refl. wild werden* *1475:
biface *f.?* (*Art kostbarer Kleiderstoff*) *3232:
boge, bolge *Reisesack* 407.
borre *Polsterung* 637.
broisse, boisse *P Schale* *1173:
brunete *leichter feiner Wollstoff von brauner Farbe* *2014:
buire *in* chape b. *brauner, grober Wollstoff* *1640:
buire *Krug* *1823:
clacelier*Schlüsselbewahrer**1820.
coitise *Plackerei, Erpressung* *2408.
consonant, *f.*-nte *reich* (*Reim*) 4.
cordé *grober Wollstoff* 3241.
degiet, deget *aussätzig* *179: *s. Einl. S. XX.*
eneschier *3. pr.* enesche *ködern* *1286:
escamonie *Skammonienwinde* (*bittere Pflanze*) *1376. 1491:
escoter *3. pr.* escote *die Zeche bezahlen; beitragen* *503:
escraingne *Werkstätte* *1464.
esposser *6. pr.* espossent *tr.*

wegstofsen *2847; *refl. atemlos werden* *1777.
garmos *Schminke* *637:
gueide = *nf.* guède 2266:
jarron *Eichenast* *970:
joie *m. Freude* *1145: (*s. kl. Cligés*[3] *LXXXI, Anm. 2*).
lionime, leonime 4: *ein reicher Reim, wo der Gleichklang bereits die der Tonsilbe vorausgehende Silbe umfasst.*
mame *in* doi m. *kleiner Finger, Ringfinger* *2483:
moienel *kleineres Jagdhorn* 1797.
nage *f.* = *nf.* nache *527:
orce *Luvseite,* à o. *„nach links'* *2298:
pane, penne *Pelzsammt* 2460.
panel *Seitenkissen am Sattelbogen* *1892.
pesle, pesne *P Riegel* 397.
relatin *Aufschub?* *1624, *s. Einl. S. XXXV.*
reorte *Weidenstrick* 706.
taillier *in* aussi con par ci le me taille *,gerade aus'* *5.
violete *feinster Wollstoff nach Art der escarlate* *2013: